HABLA
MALCOLM X

HABLA MALCOLM X

Discursos, entrevistas y declaraciones

PATHFINDER

Nueva York   Londres   Montreal   Sydney

ISBN 0-87348-733-8 paper (rústica); ISBN 0-87348-764-8 cloth (tapa dura)
Library of Congress Catalog Card Number 92-83753
Impreso y hecho en Estados Unidos de Norteamérica
Manufactured in the United States of America

Primera edición, 1993

Edición: Martín Koppel
Diseño de la portada: Toni Gorton
Fotografía de la portada: John Lanois/Black Star
Diseño del libro: Eric Simpson

Pathfinder
410 West Street, Nueva York, NY 10014, Estados Unidos
Fax: (212) 727-0150

Distribuidores:
Australia (y Asia y Oceanía):
    Pathfinder, 19 Terry St., Surry Hills, Sydney, N.S.W. 2010
Canadá:
    Pathfinder, 6566, boul. St-Laurent, Montreal, Quebec, H2S 3C6
Estados Unidos (y el Caribe, Sudáfrica y América Latina):
    Pathfinder, 410 West Street, Nueva York, NY 10014
Gran Bretaña (y Europa, África excepto Sudáfrica, y el Medio Oriente):
    Pathfinder, 47 The Cut, Londres, SE1 8LL
Islandia:
    Pathfinder, Klapparstíg 26, 2° piso, 121 Reikiavik
Nueva Zelanda:
    Pathfinder, La Gonda Arcade, 203 Karangahape Road, Auckland
    Dirección postal: P.O. Box 8730, Auckland
Suecia:
    Pathfinder, Vikingagatan 10, S-113 42, Estocolmo

CONTENIDO

PREFACIO

Más de un cuarto de siglo después de que cayó Malcolm X a manos de asesinos el 21 de febrero de 1965, un número cada vez mayor de jóvenes y trabajadores, en países desde Estados Unidos hasta Sudáfrica y Japón, desean conocer sus ideas. La publicación de *Habla Malcolm X* es fruto del creciente interés en este dirigente revolucionario que se manifiesta entre trabajadores de habla hispana, tanto en Estados Unidos como en América Latina y otras partes del mundo.

La editorial Pathfinder publicó en 1984 un primer folleto en español de obras de Malcolm X. Este libro nuevo y ampliado reemplaza ese folleto y representa la colección más extensa hasta la fecha de los discursos y escritos de Malcolm publicados en español.

Se han escrito muchos libros *acerca* de Malcolm X. Sin embargo, en estas páginas los lectores encontrarán las *propias palabras* de este incorrompible luchador y pensador revolucionario, y así podrán sacar sus propias conclusiones sobre las ideas que él planteó.

La traducción de todos los discursos, entrevistas y declaraciones en este libro es nueva. Gran parte de la labor de traducción fue hecha por Duane Stilwell. También contribuyeron a la traducción Blanca Machado, Luis Madrid y Selva Nebbia.

Martín Koppel

INTRODUCCIÓN

Malcolm X, por mucho tiempo un enemigo intransigente de la opresión racista de los negros, evolucionó rápidamente en su pensamiento político durante el último año de su vida, adoptando posiciones antimperialistas y anticapitalistas. Ha llegado a ser reconocido como uno de los más destacados dirigentes revolucionarios de los oprimidos y explotados en el siglo XX.

Este libro abarca el periodo desde noviembre de 1963, cuando Malcolm X dio uno de sus últimos discursos como miembro de la Nación del Islam, hasta unos pocos días antes de su asesinato el 21 de febrero de 1965.

Malcolm Little nació el 19 de mayo de 1925 en Omaha, Nebraska. Su padre, un pastor bautista, era seguidor de Marcus Garvey y de su Asociación Universal para el Avance de los Negros. Su madre era originaria de la nación caribeña de Granada. Cuando Malcolm tenía seis años, una banda de racistas asesinó a su padre.

De adolescente Malcolm vivió en Boston y en Nueva York, donde se involucró en robos, drogas, juego ilegal y otros delitos menores. En 1946 fue arrestado y pasó seis años en la prisión estatal de Massachusetts. En la cárcel se incorporó a la Nación del Islam, adoptando el nombre Malcolm X. Un año después de salir de la cárcel fue nombrado como uno de los ministros de la Nación.

A principios de los años 60, mientras era todavía el portavoz más conocido y popular de Elijah Muhammad, jefe de la Nación del Islam, Malcolm X usó su tribuna —hablando en Harlem y en comunidades negras por todo Estados Unidos, así como en decenas de universidades— para denunciar la política nacional e internacional del gobierno norteamericano. Hizo campaña contra el racismo antinegro en todas sus formas, tanto la discriminación en las ciudades en el norte del país como el sistema de segregación racial que regía en ese entonces en los estados del sur. (Conocido con el nombre de *Jim Crow*, ese sistema de leyes le negaba el derecho al voto a la mayoría de los negros y mantenía segregados los centros de trabajo, las escuelas, el transporte, las instalaciones públicas y la vivienda.) Asimismo, Malcolm denunció enérgicamente al gobierno de Estados Unidos y a otros regímenes imperialistas, describiendo cómo en busca de lucro y poder saquean y oprimen a los pueblos de África, Asia y América Latina.

Para 1963 habían madurado ya los conflictos que culminarían con la expulsión de Malcolm de la Nación del Islam. El momento decisivo llegó en abril de 1963, cuando Elijah Muhammad llamó a Malcolm a su residencia de invierno en Phoenix, Arizona. Allí Malcolm se enteró, de boca del propio Elijah Muhammad, de que eran ciertos los rumores que cundían en la Nación de que Muhammad había tenido relaciones sexuales con varias adolescentes en la organización. Cuando algunas de ellas quedaron embarazadas, Muhammad usó su poder y su autoridad como líder de la Nación para someterlas a juicios internos humillantes y suspenderlas de la organización bajo cargos de "fornicación".

En su autobiografía Malcolm relata la charla que sostuvo con Elijah Muhammad junto a la piscina de la casa de éste en Phoenix. "Reconoces lo que representa todo esto: es una profecía", le dijo Muhammad al explicar su conducta. "Yo soy David. Cuando lees que David tomó a la esposa de otro hombre, yo soy aquel David. Lees que Noé se emborrachó: ése soy yo. Lees que Lot se acostó con sus propias hijas. Yo tengo que cumplir todas esas cosas".

Malcolm describe cómo le impactó esta revelación en una entrevista que concedió en enero de 1965 a la revista *Young Socialist* (Joven socialista) y que aparece en esta colección. "Cuando descubrí que los jerarcas no ponían en práctica lo que ellos mismos predicaban", dijo Malcolm, "vi con claridad que ese aspecto de su programa no tenía credibilidad alguna". En varios discursos y entrevistas que aparecen en el libro *February 1965: The Final Speeches* (Febrero de 1965: los discursos finales), publicado por la editorial Pathfinder, Malcolm explica más a fondo las consecuencias políticas reaccionarias de tal hipocresía y conducta "personal" corrupta. Elijah Muhammad era culpable no sólo de abusar de las mujeres, sino de abuso de poder y de autoridad, involucrando a la jerarquía en el encubrimiento de sus acciones.

La reacción de Malcolm frente al comportamiento de Elijah Muhammad, y su decisión de informar sobre estos hechos a ministros de otras mezquitas en la región este del país, representaban una amenaza para el jefe supremo de la Nación, quien exigía ante todo que sus oficiales subordinados controlaran las actitudes dentro de la organización en todo lo referente a la familia, el poder y la propiedad de Muhammad. Éste decidió silenciar a Malcolm a finales de 1963, usando como pretexto la respuesta que Malcolm dio en un mitin público en Nueva York a una pregunta sobre el asesinato del presidente John Kennedy. Refiriéndose al odio y a la violencia racista en la sociedad norteamericana, Malcolm dijo que ese asesinato era un ejemplo de cómo "las gallinas siempre vuelven a su gallinero". Elijah Muhammad ordenó que Malcolm guardara silencio en público por 90 días; Malcolm cumplió la orden. Sin embargo, cuando quedó claro que no le iban a quitar la mordaza, Malcolm decidió anunciar su separación de la Nación del Islam a principios de marzo de 1964.

Ya a comienzos de los años 60 Malcolm se veía cada vez más ceñido por las perspectivas de la Nación del Islam, una organización nacionalista burguesa cuya dirección estaba empeñada en encontrar su propio nido dentro de la economía del sistema capitalista en Estados Unidos. Se sentía más y más restringido porque la Nación rehusaba involucrarse "en las luchas civiles, cívicas o políticas de nuestro pueblo", según explicó en la entrevista de enero de 1965.

Su conversión en la cárcel a la Nación del Islam a fines de los años 40 no fue un acto político, ni siquiera fue fundamentalmente un acto religioso en el sentido común de la palabra. Más bien fue el camino específico que recorrió Malcolm, como individuo, al enderezar su vida después de haber vivido varios años como ladrón y delincuente. En su autobiografía Malcolm relata "cómo la religión del islam había penetrado hasta lo hondo del fango para levantarme, para salvarme de lo que inevitablemente hubiera llegado a ser: un criminal en la tumba o, si hubiera seguido vivo, un convicto endurecido y amargado de 37 años de edad, encerrado en un penal o un manicomio".

Fue en la cárcel donde Malcolm desarrolló las cualidades personales indispensables para su transformación posterior en dirigente político revolucionario: la confianza en sus propias capacidades y la disciplina requerida para dedicarse al trabajo intenso y al estudio concentrado. Fue a principios de los años 60, cuando Malcolm era uno de los principales ministros de la Nación del Islam, que empezó a desarrollar ideas políticas revolucionarias bajo el impacto de las luchas de los negros y de otros pueblos oprimidos en Estados Unidos y el mundo.

Sin embargo, para Malcolm la Nación del Islam no fue una vía hacia la política ni fue siquiera una desviación en el camino. Representaba un callejón sin salida.

"Nunca he intentado participar en asuntos políticos", reconoció Malcolm en un mitin en Harlem en julio de 1964. "No podía concebirlo. En primer lugar, yo estaba en una organización religiosa que hablaba de algo que iba a pasar mañana. Y cuando empiezas a pensar en algo para mañana, no puedes bregar con nada que sea para hoy mismo ni para aquí mismo".

Él y otros luchadores con espíritu revolucionario se encontraban "en un vacío político", dijo Malcolm en un discurso en febrero de 1965, pocos días antes de su asesinato. "En realidad estábamos enajenados, separados de todo tipo de actividad, inclusive del mundo contra el que estábamos luchando. Nos convertimos en una especie de híbrido religioso-político, quedamos aislados. Sin involucrarnos en nada, parados al margen y condenando todo. Pero sin poder corregir nada porque no podíamos actuar".

No obstante, hasta que Elijah Muhammad lo silenció a fines de 1963, Malcolm seguía buscando una forma de resolver sus crecientes contradicciones dentro del marco de las perspectivas de la Nación. Para Malcolm lo más difícil de todo era concebir la posibilidad de una ruptura completa con Elijah Muhammad, a quien Malcolm había venerado como maestro, guía espiritual y padre. Según el escritor Alex Haley, quien colaboró con Malcolm para preparar su autobiografía, Malcolm había escrito la siguiente dedicatoria al comenzar ese proyecto: "Dedico este libro al honorable Elijah Muhammad, quien me encontró aquí en Estados Unidos hundido en este lodo y en esta porquería de la civilización y sociedad más inmunda que existe en la Tierra, y me levantó, me limpió y me enderezó, y me convirtió en el hombre que soy ahora".

Aún días después de anunciar su "declaración de independencia" de la Nación del Islam en marzo de 1964, en una entrevista con el escritor A.B. Spellman, Malcolm seguía explicando su expulsión de la organización por Elijah Muhammad de la siguiente manera:

> Muchos obstáculos fueron interpuestos en mi camino [en la Nación del Islam], no por el honorable Elijah Muhammad sino por otros a su alrededor, y como creo que su análisis del problema racial es el mejor y su solución es la única, consideré que la mejor manera para mí de evitar esos obstáculos y facilitar su programa era permanecer fuera de la Nación del Islam.

Sin embargo, la perspectiva que Malcolm defendió en su entrevista con Spellman ya estaba acelerando su divergencia con la trayectoria que seguían los miembros y dirigentes de la Nación, inclusive con la explicación y la solución que ellos le daban al "problema racial". "Vamos a colaborar con cualquiera que esté interesado sinceramente en eliminar las injusticias que sufren los negros a manos del tío Sam", le dijo Malcolm a Spellman. En cambio, el liderazgo de la Nación nunca se unía con otras fuerzas a menos que fuera en beneficio propio, sin importarle las consecuencias que sufriera la lucha contra la opresión racista. Malcolm reconoció posteriormente, por ejemplo, que él mismo había representado a Elijah Muhammad en negociaciones secretas con altos dirigentes del Ku Klux Klan en 1960. Muhammad esperaba llegar a un arreglo con el Klan que le permitiera a la Nación obtener un poco de tierra en el sur de Estados Unidos. El jefe de la

Nación también mantenía relaciones con George Lincoln Rockwell, cabecilla del Partido Nazi Norteamericano. "Rockwell y Elijah Muhammad se comunican regularmente por correo", dijo Malcolm ante un mitin en Harlem una semana antes de su asesinato. "A lo mejor ustedes me van a odiar por decirles, pero lo voy a decir".

En marzo de 1964 Malcolm organizó la Mezquita Musulmana, Inc. "Esto nos da una base religiosa", afirmó en la conferencia de prensa donde anunció sus planes para la nueva organización. Y agregó: "Nuestra filosofía política será el nacionalismo negro. Nuestra filosofía económica y social será el nacionalismo negro. Nuestro énfasis cultural será el nacionalismo negro".

Sin embargo, Malcolm pronto reconoció que la organización que deseaba construir debía abrirse a todos los negros que quisieran emprender una lucha unitaria contra la discriminación, la desigualdad y la injusticia racista, sin importar sus creencias religiosas, falta de creencias, ideas políticas más amplias o afiliación a otras organizaciones. El mitin de fundación de la Organización de la Unidad Afro-Americana, como grupo separado de la Mezquita Musulmana y de la religión islámica, se celebró en junio de 1964. Los discursos de Malcolm en este y otros tres mítines de la OAAU aparecen en este tomo.

La independencia política de Malcolm sólo comenzó, y sólo podía comenzar, una vez que se encontró fuera de la Nación del Islam. Fue entonces que empezó a hablar por cuenta propia. "Usted habrá notado que todas mis declaraciones anteriores estaban precedidas por 'el honorable Elijah Muhammad enseña tal y cual cosa'", dijo Malcolm en una entrevista en diciembre de 1964, refiriéndose a los años en que había sido miembro de la Nación. "No eran mis palabras, eran palabras suyas y yo las estaba repitiendo". "Repitiéndolas como un loro", comentó la entrevistadora. "Y ahora el loro saltó de la jaula", afirmó Malcolm.

Durante los 11 meses siguientes Malcolm refinó y amplió su perspectiva revolucionaria a la luz de experiencias políticas cada vez más extensas. Viajó a numerosas ciudades norteamericanas, a África, al Medio Oriente y a Inglaterra, Francia y Suiza, aumentando sus conocimientos de las luchas de los negros y de otros pueblos oprimidos y explotados en el mundo. Asimismo, buscó entablar lazos con una gama cada vez más amplia de luchadores y revolucionarios, entre ellos socialistas y comunistas, tanto influenciándolos como siendo influenciado por ellos.

Pocos meses después del asesinato de Malcolm X en febrero de 1965, la editorial Pathfinder —en colaboración con el periódico *The Militant*, el medio donde se publicó el mayor número de sus discursos durante el último año y medio de su vida— publicó el libro *Malcolm X Speaks* (Habla Malcolm X), una colección de sus discursos y declaraciones a partir de noviembre de 1963. El presente tomo en español incluye la mayor parte del contenido de ese libro original, además de material que se publicó más tarde (el discurso que dio en febrero de 1965 en Rochester, Nueva York, se publicó por primera vez en 1989).

Pathfinder además ha publicado *By Any Means Necessary* (Por todos los medios que sean necesarios), *Malcolm X on Afro-American History* (Malcolm X habla sobre la historia afroamericana), *Malcolm X: The Last Speeches* (Malcolm X: los últimos discursos) y *Malcolm X Talks to Young People* (Malcolm X habla a la juventud). El libro más reciente, *February 1965: The Final Speeches*, es el primer tomo de una serie que recogerá, en orden cronológico, los principales discursos, entrevistas y escritos de Malcolm X. Estos libros contienen la gran mayoría de los discursos disponibles del último año de su vida.

En estas obras los lectores descubrirán las ideas revolucionarias que Malcolm había adoptado mientras todavía era miembro de la Nación del Islam, así como discursos que reflejan su rápido desarrollo político durante los últimos meses de su vida, después de su regreso de África a fines de noviembre de 1964.

Malcolm se esforzó por "internacionalizar" —según expresó muchas veces— la lucha contra el racismo, la segregación racial y la opresión nacional. Durante los últimos meses nunca habló en público sin explicar claramente y condenar firmemente a Estados Unidos por las "actividades criminales" que realizaba, como los bombardeos asesinos y otras agresiones militares contra combatientes de la lucha de liberación y poblaciones civiles en el Congo (ahora Zaire). También criticó a los dirigentes de las principales organizaciones pro derechos civiles por no pronunciarse en contra de esos crímenes. Se solidarizó con los combatientes de la lucha de liberación en Indochina, afirmando con confianza que la "derrota absoluta [de Washington] en Vietnam del Sur es sólo cuestión de tiempo". Se identificó con las victorias revolucionarias de los pueblos de China y de Cuba contra el dominio imperialista. "La revolución cubana: eso sí es una revolución", dijo. "Derrocaron el sistema".

En los discursos y entrevistas que aparecen en la segunda mitad de este libro Malcolm relata observaciones sobre su visita a África y al Medio Oriente entre julio y noviembre de 1964 (también visitó esas regiones en abril y mayo del mismo año). Sus experiencias durante ese viaje de cuatro meses tuvieron un impacto profundo y le permitieron sacar conclusiones políticas de mayor alcance todavía.

"Cualquier movimiento por la libertad del pueblo negro que se base exclusivamente dentro de las fronteras de Estados Unidos está condenado absolutamente al fracaso", dijo en Rochester el 16 de febrero de 1965. "Por eso, uno de los primeros pasos que tomamos, los que estábamos en la Organización de la Unidad Afro-Americana, fue elaborar un programa que haría que nuestras reivindicaciones se volvieran reivindicaciones internacionales, y haría que el mundo viera que nuestro problema ya no era un problema de los negros o un problema norteamericano sino un problema humano; un problema para la humanidad. Y un problema que debería ser abordado por todos los elementos de la humanidad".

En el discurso que dio dos días antes en Detroit, Malcolm explicó algunas de las conclusiones que había sacado sobre el carácter del sistema que oprime a la gran mayoría de la humanidad. "El colonialismo o el imperialismo", dijo, "no se limita a Inglaterra o a Francia o a Estados Unidos. . . es un solo complejo o consorcio enorme, y forma lo que se conoce, no como la estructura norteamericana del poder, ni la estructura francesa del poder, sino como la estructura internacional del poder. Esta estructura internacional del poder se usa para suprimir a las masas de los pueblos de piel oscura en todo el mundo y para explotarles sus recursos naturales".

Malcolm X se opuso intransigentemente a Washington y a los partidos Demócrata y Republicano, los partidos gemelos del colonialismo y del racismo capitalistas. Jamás cedió ni un ápice al nacionalismo norteamericano, ni siquiera a sus variantes patrióticas y populares, que resultan tan atractivas para los dirigentes pequeñoburgueses de las organizaciones de los oprimidos y explotados.

"Yo no soy norteamericano. Soy uno de los 22 millones de negros que son víctimas del norteamericanismo", dijo en Cleveland en abril de 1964. "Yo hablo como víctima de este sistema norteamericano. Y veo a Estados Unidos con los ojos de la víctima. No veo ningún sueño norteamericano; veo una pesadilla norteamericana".

En el mitin de fundación de la OAAU en junio de 1964 Malcolm afirmó: "Dime qué clase de país es éste. ¿Por qué tenemos que hacer los trabajos más duros por los salarios más bajos? . . . Te digo que lo hacemos porque. . . tenemos un sistema podrido. Es un sistema de explotación, un sistema político y económico de explotación, de humillación, de degradación, de discriminación directa".

Se negó a hablar del gobierno y de las fuerzas armadas de Estados Unidos como "nuestro" gobierno y "nuestro" ejército. "No trates al tío Sam como si fuera tu amigo", dijo a los participantes en una reunión de la OAAU el mes siguiente. "Si él fuera tu amigo, no serías un ciudadano de segunda. . . . No, no tienes amigos en Washington".

Malcolm rechazó la política de apoyar al "menor de dos males" tan fomentada por la gran mayoría de los que decían hablar y actuar en nombre de los oprimidos y de los trabajadores. En 1964 Malcolm rehusó apoyar o hacer campaña a favor del candidato presidencial demócrata Lyndon Baines Johnson contra el republicano Barry Goldwater. "Los imperialistas astutos sabían que la única manera de hacerte correr voluntariamente hacia la zorra es presentarte a un lobo", dijo Malcolm. Señaló que era la administración Johnson la que dirigía la guerra norteamericana contra el pueblo de Vietnam y la matanza de combatientes de la lucha de liberación y de campesinos en el Congo. Era la administración Johnson la que también implementaba una política que perpetuaba el racismo y la injusticia económica y social en Estados Unidos.

Esta postura política en 1964 distinguió a Malcolm —y contribuyó a ganarle la enemistad— de casi todos los demás líderes importantes de las organizaciones que abogaban por los derechos de los negros y de los sindicatos, como también de la gran mayoría de los que se llamaban izquierdistas, socialistas o comunistas en Estados Unidos: el Partido Socialista, el Partido Comunista, Estudiantes por una Sociedad Democrática (SDS) y otros. Prácticamente la única organización que apoyó la idea planteada por Malcolm X de que los negros y otros trabajadores "no tienen amigos en Washington" fue el Partido Socialista de los Trabajadores. Como Malcolm, el PST rechazó el llamado, expresado en una consigna que popularizó ese año el grupo SDS, que decía: "la mitad del trecho con LBJ" (*part of the way with LBJ*), o sea, darle apoyo crítico a la candidatura de Johnson.

La evolución del pensamiento y de la actividad de Malcolm X se vio profundamente afectada por su expulsión de la Nación del Islam y por el esfuerzo que hizo por encarar la verdad sobre la trayectoria de la secta de Elijah Muhammad. En muchos sentidos, su experiencia fue semejante a las consecuencias políticas que encararon revolucionarios en Cuba, Sudáfrica y otros países cuando a fines de los años 80 y principios de los 90 se desintegraron los partidos y aparatos estalinistas en la ex Unión Soviética y Europa oriental. Al derrumbarse la ilusión, antes muy difundida en el mundo, de que estos aparatos de algún modo serían reformados, revolucionarios de orígenes diversos y con experiencias diferentes —y a quienes los prejuicios y la intimidación estalinistas habían impedido en el pasado que entablaran una colaboración política y un intercambio civilizado de ideas— ahora ven que les resulta mucho más fácil realizar actividades comunes y llegar a conocerse y valorarse mutuamente en la acción como compañeros de lucha.

Del mismo modo Malcolm, al librarse de las restricciones políticas y organizativas de la Nación del Islam, se vio impulsado a buscar colaboración con todo aquel que luchara por la libertad del pueblo negro, independientemente de sus creencias religiosas, sus ideas políticas o el color de su piel. Este paralelo también es aleccionador desde otro ángulo. Igual que las organizaciones estalinistas, la Nación del Islam resultó ser irreformable. Este hecho aclara lo que, para mucha gente que se vio atraída a Malcolm cuando éste quedó fuera de la Nación, pareció como un misterio: ¿por qué tan pocos de los seguidores organizados de la Nación pudieron ser reclutados a la OAAU, más allá del núcleo inicial que acompañó a Malcolm cuando éste fue expulsado? Durante los últimos meses de su vida Malcolm se deshizo más y más de estas esperanzas falsas que existían entre sus partidarios, volcando en cambio su atención y su energía hacia jóvenes luchadores y otros revolucionarios, en Estados Unidos o en cualquier lugar, que demostraran en la práctica ser dignos de ese nombre.

Malcolm extendió la mano a revolucionarios y luchadores por la libertad en África, el Medio Oriente, Asia y otros lugares. Al regresar de África, cuando habló en noviembre de 1964 ante un mitin público en París, Malcolm señaló el ejemplo revolucionario que Nelson Mandela, líder del Congreso Nacional Africano, había dado durante su juicio en las cortes del sistema del apartheid en Sudáfrica. El mes siguiente Malcolm, quien le había dado una calurosa bienvenida a Fidel Castro en Harlem cuatro años antes, invitó al líder revolucionario cubano Ernesto Che Guevara a hablar ante un mitin de la OAAU en Harlem. A último momento Guevara no pudo asistir pero envió un mensaje transmitiendo "los cálidos saludos del pueblo cubano"; Malcolm insistió en leerlo él mismo.

En Estados Unidos Malcolm X habló en tres ocasiones ante concurridos mítines del Militant Labor Forum, organizados por miembros y simpatizantes del Partido Socialista de los Trabajadores en Nueva York. Esto era nuevo para Malcolm. Mientras había sido portavoz de la Nación del Islam, había hablado en público en universidades donde la gran mayoría de los estudiantes eran blancos. Pero su decisión de aceptar una invitación al Militant Labor Forum a principios de 1964 era la primera vez que accedía a participar en la tribuna de un evento auspiciado por una organización política revolucionaria fuera de Harlem o de las comunidades negras en otras ciudades. Malcolm regresó en otras dos ocasiones al Militant Labor Forum, en mayo de 1964 y enero de 1965. Los tres discursos aparecen en esta selección.

Como resultado de sus experiencias durante esta época, especialmente después de su viaje a África, la perspectiva revolucionaria de Malcolm se volvió más y más anticapitalista, y luego también prosocialista. Esta expansión de su visión política del mundo se destaca particularmente, en esta colección, en su discurso del 20 de diciembre de 1964 y en la entrevista que concedió a la revista *Young Socialist* en enero de 1965. En los discursos y las entrevistas que aparecen aquí, los lectores también podrán estudiar otros cambios en las ideas y la trayectoria política de Malcolm X:

• Malcolm rechazó los conceptos sobre la "raza", el separatismo negro, los judíos y el antisemitismo, y la oposición a los matrimonios mixtos que él había defendido en público por muchos años como vocero de Elijah Muhammad. "No juzgamos a un hombre por el color de su piel", dijo en Rochester. "No te juzgamos por ser blanco; no te juzgamos por ser negro; no te juzgamos por ser moreno. Te juzgamos por lo que haces y por lo que practicas. . . . No estamos en contra de nadie porque sea blanco. Estamos en contra de los que practican el racismo". En el fragmento de la entrevista de enero de 1965 en Toronto, que también aparece en esta selección, Malcolm plantea sus criterios sobre matrimonios mixtos y el separatismo negro.

• Llegó a reconocer el papel importante que ocupa la mujer en las luchas políticas y en la vida económica y social. Este cambio se produjo por el efecto combinado de la repugnancia que sintió Malcolm ante la degradación de las mujeres por Elijah Muhammad y sus propias observaciones y experiencias en Estados Unidos, África y otros lugares. El fragmento de la entrevista en París en noviembre de 1964 expresa claramente sus criterios al respecto.

• Malcolm comenzó a explicar, y a llevar a la práctica, la idea de que las organizaciones negras necesitan forjar alianzas —como iguales— con otros grupos de trabajadores y de jóvenes que han demostrado en la práctica su compromiso por realizar cambios revolucionarios por todos los medios que sean necesarios.

• Se vio atraído cada vez más a la idea de participar en diversas luchas por la igualdad de derechos. El 1 de enero de 1965, en un discurso que publicamos aquí, habló ante un grupo de jóvenes de McComb, Misisipí, que participaban en la lucha por los derechos civiles y que estaban de visita en Harlem. Unas semanas más tarde, a principios de febrero, viajó a la ciudad de Selma, Alabama —uno de los focos de las grandes batallas por los derechos civiles que se estaban desarrollando en esos momentos— y habló con grupos de estudiantes y jóvenes que luchaban contra el racismo.

• Malcolm subrayó la necesidad de organizar la autodefensa en respuesta a ataques de grupos racistas violentos como el Ku Klux Klan, los Consejos de Ciudadanos Blancos y el Partido Nazi Norteamericano. Sus criterios sobre la autodefensa —y las propuestas que planteó en esa época a los dirigentes de organizaciones pro derechos civiles (entre ellos a Martin Luther King)— rebasaron los estrechos límites que el carácter de los escuadrones de defensa llamados "Fruta del Islam" le habían impuesto cuando había sido miembro de la Nación. El propósito fundamental de la Fruta del Islam es proteger los intereses de los jefes de la Nación y mantener a raya a los miembros de base. En lugar de ser un modelo es un obstáculo que impide desarrollar el tipo de autodefensa disciplinada que involucre y organice a trabajadores de las nacionalidades oprimidas para que actúen en defensa de sus propios intereses, sin sectarismos ni exclusivismos.

• Malcolm, según lo expresó en la entrevista con el *Young Socialist* en enero de 1965, comenzó "a pensar y a reevaluar bastante" la concepción que había presentado frecuentemente durante la primera mitad de 1964, de que "podemos decir que el nacionalismo negro comprende la solución de todos los problemas que enfrenta nuestro pueblo". Y agregó que "si se han percatado, no he utilizado esa expresión desde hace varios meses". Malcolm reconoció en esa entrevista que sus ideas políticas estaban evolucionando rápidamente. "Todavía me costaría mucho trabajo", dijo, "si tuviera que dar una definición específica de la filosofía fundamental que yo creo que es necesaria para la liberación del pueblo negro en este país".

A través de todos estos discursos y entrevistas, desde el primero hasta el último, Malcolm X asume su lugar como un dirigente revolucionario y pensador político de talla mundial. Toda persona que se oponga a la dominación imperialista y a la explotación capitalista descubrirá que necesita estudiar y asimilar lo que dijo Malcolm X, al igual que los discursos y escritos de Nelson Mandela, Thomas Sankara, Che Guevara, Carlos Marx, V.I. Lenin, León Trotsky y otros dirigentes revolucionarios.

Setenta años antes de que Malcolm pronunciara las palabras que se recogen en este libro, otro de los grandes líderes revolucionarios de este siglo, V.I. Lenin, escribió un artículo en homenaje a Federico Engels, quien había muerto en 1895. Engels, junto con Carlos Marx, fue uno de los dirigentes fundadores del movimiento obrero comunista de la época moderna. Lenin señaló que Engels, a los 24 años de edad, había sido uno de los primeros en explicar que la clase obrera "no es simplemente una clase que sufre" sino que ante todo es una clase que lucha y que habrá de organizarse a sí misma y de organizar a sus aliados oprimidos y explotados para conquistar su propia emancipación.

Malcolm hizo un comentario similar en una entrevista que apareció en el semanario neoyorquino *Village Voice* apenas unos días después de su asesinato en febrero de 1965. "El error más grande que ha cometido nuestro movimiento", señaló Malcolm, "ha sido tratar de organizar a un pueblo dormido en torno a metas específicas. Primero hay que despertar al pueblo; entonces sí habrá acción". "¿Hay que despertarlos para que descubran su explotación?" preguntó la entrevistadora. "No", respondió Malcolm. "Para que descubran su humanidad, su valor propio y su historia".

Por eso otros destacados luchadores revolucionarios de esa época —tanto dirigentes de la revolución cubana como de Argelia y de otras partes de África y del Medio Oriente— reconocieron a Malcolm como uno de sus iguales.

"Hoy día toda la gente pensante que haya estado oprimida es revolucionaria", dijo en noviembre de 1964 en el mitin de la OAAU donde dio un informe inicial sobre su viaje a África. "Siempre que te encuentres hoy con alguien que le tiene miedo a la palabra 'revolución', quítalo de tu camino. Está viviendo en una época equivocada. Está viviendo en el pasado. Aún no ha despertado. Ésta es la época de revoluciones".

La semana siguiente, hablando ante la sociedad de debate de la universidad de Oxford en Inglaterra, Malcolm se adentró en el mismo tema. A pesar del carácter formal y ritualista del evento, y la composición social privilegiada del público estudiantil que lo escuchaba, Malcolm no cambió ni una palabra de la explicación que daba en todos los demás lugares donde tenía la oportunidad de hablar. "La joven generación de blancos, negros, morenos y todos los demás", dijo Malcolm, "ustedes están viviendo en una época de extremismo, una época de revolución, una época en la que tiene que haber cambios. La gente que está en el poder ha abusado de él, y ahora tiene que haber un cambio y hay que construir un mundo mejor. . . . Y yo sí me uniré a cualquiera, no importa de qué color sea, mientras quiera cambiar las condiciones miserables que existen en este mundo".

En la década de 1990, un cuarto de siglo después de su asesinato, más jóvenes y trabajadores que nunca —no sólo en Estados Unidos sino luchadores de convicciones revolucionarias en todas partes del mundo— quieren leer lo que dijo Malcolm. En los discursos, entrevistas y declaraciones de Malcolm X encuentran honradez incorruptible e integridad revolucionaria; encuentran orgullo e identificación con toda persona que haya desechado imágenes de sí misma impuestas por elementos racistas e intolerantes de cualquier tipo; encuentran una poderosa afirmación de su propio valor, de su dignidad e igualdad y de su capacidad como seres humanos de pensar con cabeza propia y actuar políticamente de manera colectiva y disciplinada; y encuentran verdades francas sobre un sistema económico y social que sólo ofrece más guerras, brutalidad policiaca, violencia racista, opresión nacional, devastación económica, degradación de la mujer y destrucción de los medios de vida y cultura que compartimos en este planeta.

Steve Clark
Diciembre de 1992

CRONOLOGÍA

19 de mayo de 1925
Malcolm Little nace en Omaha, Nebraska.

Febrero de 1946
Sentenciado a prisión en Massachusetts por robo con allanamiento; cumple 6 años y medio de cárcel.

1948-1949
Adopta la religión del islam.

Agosto de 1952
Es puesto en libertad condicional.

1953
Cambia su nombre a "Malcolm X"; asume el puesto de asistente de ministro en el Templo Número 1 de la Nación del Islam en la ciudad de Detroit.

Junio de 1954
Asume el puesto de ministro del templo en Harlem, Nueva York.

1959
Primer viaje a África y al Medio Oriente.

19 de septiembre de 1960
Se reúne con Fidel Castro en el hotel Theresa en Harlem.

Mayo de 1962
Dirige campaña pública en Los Ángeles en defensa de miembros de la Nación del Islam que fueron agredidos por la policía y luego acusados falsamente por la misma de asalto criminal.

Abril de 1963
Confronta a Elijah Muhammad por su corrupción moral.

Diciembre de 1963 a febrero de 1964

Elijah Muhammad le ordena a Malcolm X que guarde silencio en público, supuestamente por hacer comentarios no autorizados sobre el asesinato del presidente John Kennedy; Malcolm queda aislado dentro de su propio movimiento.

12 de marzo de 1964

Anuncia su separación de la Nación del Islam y la fundación de la Mezquita Musulmana, Inc.

Abril y mayo de 1964

Segundo viaje a África y al Medio Oriente.

28 de junio de 1964

Primera reunión pública de la Organización de la Unidad Afro-Americana.

Julio a noviembre de 1964

Tercer viaje a África y al Medio Oriente; a la vuelta habla en París.

17 de julio de 1964

Habla en Cairo, Egipto, ante reunión cumbre de la Organización de la Unidad Africana.

3 de diciembre de 1964

Habla en Oxford, Inglaterra.

9 de diciembre de 1964

Conoce a Che Guevara durante una recepción en la Misión de Tanzania ante Naciones Unidas.

6 a 13 de febrero de 1965

Viaja a Inglaterra; autoridades francesas le prohíben entrar a Francia.

14 de febrero de 1965

Una bomba incendiaria destruye su casa en la madrugada.

21 de febrero de 1965

Malcolm X es asesinado en Nueva York.

Habla Malcolm X

DETROIT

Yo soy un
'negro del campo'

Malcolm X dio este discurso ante varios miles de personas en la iglesia bautista King Solomon en la ciudad de Detroit. Su discurso fue parte del acto de clausura de la Conferencia de Dirigentes Negros de Base del Norte (Northern Negro Grass Roots Leadership Conference), que había sido convocada por el Grupo por una Dirección Avanzada (Group on Advanced Leadership). Hablaron además dos destacados activistas del movimiento por los derechos civiles, el reverendo Albert Cleage, Jr., y el periodista William Worthy.

Éste fue uno de los últimos discursos que Malcolm dio antes de separarse de la Nación del Islam, organización conocida comúnmente como los Musulmanes Negros. Aquí presentamos cerca de la mitad del discurso.

Sólo queremos sostener una conversación informal entre ustedes y yo, entre nosotros. Queremos hablar clara y directamente en un lenguaje que todo el mundo pueda entender con facilidad. Todos estamos de acuerdo esta noche, todos los oradores hemos estado de acuerdo esta noche en que Estados Unidos tiene un problema muy serio. No sólo tiene Estados Unidos un problema muy serio, sino que nuestro pueblo tiene un problema muy serio. El problema que tiene Estados Unidos somos nosotros. Nosotros somos su problema. La única razón por la que tiene un problema es que no nos quiere aquí. Y cada vez que te miras en el espejo, ya seas negro, moreno, rojo o amarillo —una llamada persona de color—, estás viendo a una persona que constituye un problema serio para Estados Unidos porque no te quieren aquí. Cuando aceptes esto como un hecho, podrás empezar a trazar un camino que te haga parecer como una persona inteligente y no como una persona sin inteligencia.

Lo que tú y yo necesitamos es aprender a olvidar nuestras diferencias. Cuando nos reunimos, no nos reunimos como bautistas ni como metodistas. No te acosan por ser metodista o por ser bautista; no te acosan por ser demócrata o republicano; no te acosan por ser masón o [miembro de la asociación fraternal de los] *Elk;* y seguro que no te acosan por ser norteamericano, porque si fueras norteamericano no te acosarían. Te acosan porque eres negro. A ti te acosan y a todos nosotros nos acosan por la misma razón.

Así es que todos somos gente negra, los llamados negros, ciudadanos de segunda, ex esclavos. Tú no eres más que un ex esclavo. No te gusta que te lo digan. Pero ¿qué otra cosa eres? Eres un ex esclavo. No llegaste en el buque *Mayflower.* Llegaste en un barco de esclavos. Encadenado como un caballo o una vaca o una gallina. Y los que llegaron en el *Mayflower* son los que te trajeron aquí. Te trajeron los llamados Peregrinos o Padres Fundadores de la Patria. Ellos fueron los que te trajeron.

Tenemos un enemigo común. Eso es lo que tenemos en común: tenemos un opresor común, un explotador común y un discriminador común. Y una vez que nos damos cuenta de que tenemos un enemigo común, nos unimos sobre la base de lo que tenemos en común. Y lo que tenemos en común, ante todo, es ese enemigo: el hombre blanco. Es enemigo de todos nosotros. Ya sé que algunos de ustedes piensan que algunos de ellos no son enemigos. El tiempo lo dirá.

En Bandung, creo que en 1954, tuvo lugar por primera vez en varios siglos una reunión unitaria de la gente negra. Y cuando estudias lo que sucedió en la conferencia de Bandung y los resultados de la conferencia de Bandung, sirve de modelo para el método que tú y yo podemos emplear para resolver nuestros problemas. En Bandung se reunieron todas las naciones, las naciones oscuras de África y de Asia. Unas eran budistas, otras musulmanas, otras cristianas, otras confucianas, otras ateas. A pesar de sus diferencias religiosas, se unieron. Unas eran comunistas, otras socialistas, otras capitalistas; a pesar de sus diferencias económicas y políticas, se unieron. Todas eran negras, morenas, rojas o amarillas.

Ante todo, lo que no permitieron fue que el hombre blanco asistiera a la conferencia de Bandung. No pudo entrar. En cuanto excluyeron al blanco, descubrieron que podían unirse. En cuanto lo dejaron afuera todos los demás estuvieron de acuerdo y cerraron filas. Esto es lo que tú y yo tenemos que entender. Y toda esa gente que se reunió no tenía armas nucleares, no tenía aviones a reacción, no tenía ninguno de los armamentos pesados que tiene el hombre blanco. Pero tenía unidad.

Pudieron hacer a un lado sus mezquinas diferencias y ponerse de acuerdo en una cosa: que allí un africano venía de Kenia y lo estaban colonizando los ingleses, y otro africano venía del Congo y lo estaban colonizando los belgas, y otro africano venía de Guinea y lo estaban colonizando los franceses, y otro venía de Angola y lo estaban colonizando los portugueses. Cuando llegaron a la conferencia de Bandung y miraron al portugués y al francés y al inglés y al holandés, se enteraron o se dieron cuenta de que lo que todos ésos tenían en común era que todos eran de Europa, eran todos europeos, rubios, de ojos azules y piel blanca. Empezaron a reconocer quién era su enemigo. El mismo hombre que estaba colonizando a nuestra gente en Kenia la estaba colonizando en el Congo, el mismo del Congo estaba colonizando a nuestra gente en Sudáfrica y en Rodesia del Sur y en Birmania y en India y en Afganistán y en Paquistán. Se dieron cuenta de que en todas partes del mundo donde estaban oprimiendo al hombre de piel oscura era el hombre blanco quien lo oprimía; donde al hombre de piel oscura lo estaban explotando, era el blanco quien lo explotaba. Así se unieron sobre esta base: tenían un enemigo común.

Cuando tú y yo aquí, en Detroit y en Michigan y en todo Estados Unidos, hoy que hemos despertado, miramos a nuestro alrededor, también nos damos cuenta de que aquí en Estados Unidos todos tenemos un enemigo común, ya esté en Georgia o en Michigan, ya esté en California o en Nueva York. Es el mismo hombre —de ojos azules, pelo rubio y piel pálida— el mismo hombre. De manera que tenemos que hacer lo que hicieron ellos. Ellos acordaron dejar de pelearse. Cualquier disputa que tuvieran la resolvían ellos solos, reunidos; no dejes nunca saber al enemigo que tienes un desacuerdo.

En vez de ventilar nuestras diferencias en público tenemos que comprender que todos somos una misma familia. Y cuando hay una riña familiar no la ventilas en la calle. Porque si lo haces, todo el mundo te llamará grosero, tosco, incivilizado, salvaje. Si tienes problemas en casa, los arreglas en casa; te metes en el armario, los discutes a puerta cerrada y luego, cuando sales a la calle, muestras un frente común, un frente unido. Y eso es lo que necesitamos hacer en la comunidad y en la ciudad y en el estado. Necesitamos dejar de ventilar nuestras diferencias delante del blanco, sacar al blanco de nuestras reuniones y entonces sentarnos a hablar de nuestros asuntos entre nosotros. Eso es lo que tenemos que hacer.

Me gustaría hacer algunos comentarios sobre la diferencia que existe entre la revolución negra y la *Negro revolution*.[1] ¿Son la misma cosa? Y si no lo son, ¿qué diferencia hay? ¿Qué diferencia hay entre una revolución negra y una *Negro revolution*? En primer lugar ¿qué es una revolución? A veces me inclino a pensar que mucha de nuestra gente está usando esa palabra "revolución" con descuido, sin considerar cuidadosamente lo que significa realmente esa palabra y cuáles son sus características históricas. Cuando estudies la naturaleza histórica de las revoluciones, el motivo de una revolución, el objetivo de una revolución, el resultado de una revolución y los métodos empleados en una revolución, a lo mejor usarás una palabra distinta. A lo mejor elaborarás un programa diferente, cambiarás de objetivo y cambiarás de opinión.

Fíjate en la revolución norteamericana de 1776. ¿Qué fin perseguía esa revolución? La tierra. ¿Por qué querían la tierra? Porque querían la independencia. ¿Cómo la hicieron? Con sangre. Se basaba en primer lugar en la tierra, base de la independencia. Y la única manera de conseguirla era con sangre. La revolución francesa, ¿en qué se basó? Los que no tenían tierra lucharon contra el terrateniente. ¿Qué fin perseguía? La tierra. ¿Cómo la obtuvieron? Con sangre. No hubo amor perdido, no hubo componendas, no hubo negociación. Te digo: no sabes lo que es una revolución. Porque cuando descubras lo que es te apartarás de ese camino, tratarás de esconderte. La revolución rusa, ¿en qué se basó? En la tierra; los que no tenían tierra lucharon contra el terrateniente. ¿Cómo la realizaron? Con sangre. No hay revolución que no derrame sangre. Y a ti te da miedo sangrar. Te digo que te da miedo sangrar.

Eso sí, cuando el blanco te mandó a Corea, sangraste. Te mandó a Alemania y sangraste. Te mandó al sur del Pacífico a pelear contra los japoneses y sangraste. Sangraste por los blancos; pero cuando ves que bombardean tus propias iglesias y asesinan a niñitas negras, entonces ya no tienes sangre. Sangras cuando el blanco dice que sangres; muerdes cuando el blanco dice que muerdas y ladras cuando el blanco dice que ladres. Detesto tener que decir eso de nosotros, pero es verdad. ¿Cómo vas a ser no violento en Misisipí con lo violento que fuiste en Corea? ¿Cómo puedes justificar el ser no violento en Misisipí y en Alabama cuando bombardean tus iglesias y asesinan a tus niñas, pero sí vas a ser violento con Hitler y con Tojo y con otra gente que ni siquiera conoces?

Si está mal la violencia en Estados Unidos, entonces está mal la violencia en el extranjero. Si es malo ser violento en defensa de mujeres negras y niños negros y bebés negros y hombres negros, entonces está mal que Estados Unidos nos reclute para su defensa y nos haga ser violentos en el extranjero. Y si está bien que nos reclute y nos enseñe a ser violentos en defensa suya, entonces también es correcto que tú y yo hagamos todo lo que sea necesario para defender a nuestro pueblo aquí mismo, en este país.

La revolución china: querían tierra. Expulsaron a los británicos y junto con ellos a los tíos Tom chinos, a los chinos entreguistas. Sí, señor, eso hicieron. Sentaron un buen ejemplo. Cuando yo estaba en la cárcel leí un artículo. . . no te espantes cuando te digo que estuve encarcelado. Tú todavía estás encarcelado. Eso es lo que significa Estados Unidos: una cárcel. Cuando estaba en la cárcel leí en la revista *Life* un artículo que mostraba a una niñita china de nueve años; su padre estaba en cuatro patas y ella apretaba el gatillo porque él era un tío Tom, un chino entreguista. Cuando hicieron su revolución tomaron a una generación entera de tíos Tom y simplemente los liquidaron. Y en 10 años esa niñita se convirtió en una mujer adulta. Se acabaron los tíos Tom en China. Y hoy China es uno de los países más recios, más fuertes y más temidos del mundo... por el hombre blanco. Porque allá ya no hay más tíos Tom.

De todos nuestros estudios, la historia es la que más puede recompensar nuestras investigaciones. Y cuando ves que tienes problemas, lo único que tienes que hacer es examinar el método histórico empleado en todo el mundo por quienes tienen problemas similares a los tuyos. Cuando ves cómo resolvieron ellos sus problemas, ya sabes cómo resolver los tuyos. En África está estallando una revolución, una revolución negra. En Kenia los mau mau eran revolucionarios; fueron ellos quienes pusieron de moda la palabra *uhuru* [libertad]. Los mau mau eran revolucionarios, creían en el principio de la tierra arrasada, derribaban todo cuanto se les ponía por delante, y su revolución también se basaba en la tierra, en un deseo de poseer la tierra.[2] En Argelia, en el norte de África, hubo una revolución. Los argelinos eran revolucionarios, querían tierra. Francia les ofreció dejarlos integrarse a Francia. Le dijeron a Francia que al demonio con Francia, que ellos querían un poco de tierra y no un poco de Francia. Y se enfrascaron en una sangrienta batalla.

Les cito estas diversas revoluciones, hermanos y hermanas, para mostrarles que no existen revoluciones pacíficas. No hay revoluciones donde se "ofrece la otra mejilla". Las revoluciones sin violencia no existen. La única revolución no violenta es la *Negro revolution*. La única revolución que tiene como meta el amor al enemigo es la *Negro revolution*. Es la única revolución en que el objetivo es un comedor que no esté segregado, un teatro que no esté segregado, un parque que no esté segregado y un baño público que no esté segregado; así puedes sentarte al lado de gente blanca en la letrina. Eso no es una revolución. La revolución se basa en la tierra. La tierra es la base de toda independencia. La tierra es la base de la libertad, de la justicia y de la igualdad.

El hombre blanco sabe lo que es una revolución. Sabe que la revolución negra es de un alcance y de un carácter mundial. La revolución negra se está extendiendo por Asia, se está extendiendo por África, está alzando la cabeza en América Latina. La revolución cubana: eso sí es una revolución. Derrocaron el sistema. Hay revolución en Asia, hay revolución en África, y ahora el blanco está chillando porque ve una revolución en América Latina. ¿Cómo crees que va a reaccionar contra ti cuando aprendas lo que es una verdadera revolución? No sabes lo que es una revolución. Si lo supieras no usarías esa palabra.

La revolución es sangrienta, la revolución es hostil, la revolución no conoce treguas, la revolución tumba y destruye todo lo que se interpone en su camino. Y tú estás aquí sentado como un pegote en la pared diciendo: "Voy a amar a esta gente y no me importa lo mucho que me odien". No, tú necesitas una revolución. ¿Quién ha oído jamás hablar de una revolución donde van todos abrazados —como señalaba bellamente el reverendo Cleage— cantando "Nosotros triunfaremos"?[3] Eso no se hace en una revolución. No te da tiempo de cantar cuando estás repartiendo cantazos. Se basa en la tierra. Un revolucionario quiere tierra para levantar sobre ella su propia nación, una nación independiente. Esos negros no están pidiendo una nación, están tratando de volver de rodillas a la plantación.

Si quieres una nación eso se llama nacionalismo. Cuando el blanco desató una revolución en este país contra Inglaterra, ¿para qué lo hacía? Quería esta tierra para poder levantar sobre ella otra nación blanca. Eso es nacionalismo blanco. La revolución norteamericana fue nacionalismo blanco. La revolución francesa fue nacionalismo blanco. La revolución rusa también fue —sí, señor— nacionalismo blanco. ¿Que no es cierto? ¿Por qué crees que Jruschov y Mao no logran ponerse de acuerdo? Nacionalismo blanco. Todas las revoluciones en Asia y en África actualmente ¿en qué se basan? En el nacionalismo negro. Un revolucionario es un nacionalista negro. Quiere una nación. Estaba leyendo unas hermosas palabras del reverendo Cleage donde explicaba por qué no lograba reunirse con ciertas personas en la ciudad porque todos tenían miedo de que los identificaran con el nacionalismo negro. Si le tienes miedo al nacionalismo negro, le tienes miedo a la revolución. Y si te encanta la revolución, te va a encantar el nacionalismo negro.

Para entenderlo tienes que recordar lo que este joven hermano decía sobre el negro doméstico y el negro del campo en los tiempos de la esclavitud. Había dos clases de esclavos: el negro doméstico y el negro del campo. Los negros domésticos vivían en la casa del amo, vestían bastante bien, comían bien porque comían de su comida: las sobras que él dejaba. Vivían en el sótano o en el desván pero vivían cerca del amo y querían al amo más de lo que el amo se quería a sí mismo. Daban la vida por salvar la casa del amo, y más prestos que el propio amo. Si el amo decía: "Buena casa la nuestra", el negro doméstico decía: "Sí, buena casa la nuestra". Cada vez que el amo decía "nosotros", él decía "nosotros". Así puedes identificar al negro doméstico.

Si la casa del amo se incendiaba, el negro doméstico luchaba con más denuedo que el propio amo por apagar el fuego. Si el amo enfermaba, el negro doméstico le decía: "¿Qué pasa, amo? ¿*Estamos* enfermos?" ¡*Estamos* enfermos! Se identificaba con el amo más de lo que el propio amo se identificaba consigo mismo. Y si tú le decías al negro doméstico: "Vamos a escaparnos, vamos a separarnos", el negro doméstico te miraba y te decía: "Hombre, estás loco. ¿Qué es eso de separarnos? ¿Dónde hay mejor casa que ésta? ¿Dónde voy a encontrar mejor ropa que ésta? ¿Dónde puedo comer mejor comida que ésta?" Ése era el negro doméstico. En aquellos tiempos lo llamaban "*nigger*[4] doméstico". Y así los llamamos ahora, porque todavía tenemos unos cuantos *niggers* domésticos por ahí.

Este negro doméstico moderno quiere a su amo. Quiere vivir cerca de él. Está dispuesto a pagar tres veces el precio verdadero de una casa con tal de vivir cerca de su amo, para luego alardear: "Soy el único negro aquí. Soy el único en mi trabajo. Soy el único en esta escuela". ¡No eres más que un negro doméstico! Y si viene alguien ahora mismo y te dice: "Vamos a separarnos", le dices lo mismo que decía el negro doméstico en la plantación: "¿Qué es eso de separarnos? ¿De Estados Unidos, de este hombre blanco tan bueno? ¿Dónde vas a conseguir mejor trabajo que el de aquí?" Eso es lo que dices, ¿no es cierto? "No dejé nada en África"; eso es lo que dices. ¡Si dejaste los sesos en África, hombre!

En esa misma plantación estaba el negro que labraba los campos. Los negros del campo: ellos eran las masas. Siempre había más negros en los campos que en la casa. El negro del campo vivía en un infierno. Comía sobras. En la casa del amo se comía carne de puerco de la buena. Al negro del campo no le tocaba más que lo que sobraba de los intestinos del puerco. Hoy en día eso se llama "menudencias". En aquellos tiempos lo llamaban por su nombre: tripas. Eso es lo que eras: cometripas. Y algunos de ustedes todavía son cometripas.

Al negro del campo lo apaleaban desde la mañana hasta la noche; vivía en una choza, en una casucha; usaba ropa vieja, de desecho. Odiaba al amo. Digo que odiaba al amo. Era inteligente. El negro doméstico quería al amo, pero aquel negro del campo, recuerden que era la mayoría, y odiaba al amo. Cuando la casa se incendiaba no trataba de apagar el fuego; aquel negro rogaba por que soplara el viento, por que soplara una brisa. Cuando el amo se enfermaba, el negro del campo rogaba por que se muriera. Si ibas con el negro del campo y le decías: "Vamos a separarnos, vámonos de aquí", él no preguntaba: "¿Adónde vamos?" Sólo decía: "Cualquier lugar es mejor que éste". Actualmente tenemos negros del campo en Estados Unidos. Yo soy un negro del campo. Las masas son negros del campo. Cuando ven arder la casa de este hombre blanco, no se oye a los negros pobres hablar de que "*nuestro* gobierno está en apuros". Dicen: "*El* gobierno está en apuros". ¡Figúrate a un negro diciendo "*nuestro* gobierno"! Hasta oí a uno que decía "*nuestros* astronautas". ¡Ni siquiera lo dejan acercarse a la base y él con eso de "*nuestros* astronautas"! "*Nuestra* marina". Ése es un negro que ha perdido el juicio, ¡un negro que ha perdido el juicio!

Igual que el amo de aquellos tiempos usaba a Tom —al negro doméstico— para mantener a raya a los negros del campo, el mismo viejo amo tiene hoy a negros que no son más que tíos Tom modernos, tíos Tom del siglo XX, para mantenernos a raya a ti y a mí, para tenernos controlados, mantenernos pasivos, pacíficos y no violentos. Es Tom el que te mantiene no violento. Es como cuando vas al dentista y te van a sacar una muela. Vas a luchar cuando él empiece a halar. Así es que te inyecta en la mandíbula una cosa llamada novocaína, para hacerte creer que no te están haciendo nada. Y con eso te estás ahí sentado. Como tienes toda esa novocaína en la mandíbula sufres. . . pacíficamente. La mandíbula te está sangrando y tú ni sabes lo que está pasando. Porque alguien te ha enseñado a sufrir. . . pacíficamente.

El hombre blanco te hace lo mismo en la calle, cuando quiere confundirte y aprovecharse de ti sin temer que vayas a defenderte. Para evitar que te defiendas se busca a esos viejos y religiosos tíos Tom que nos enseñan a ti y a mí, exactamente como la novocaína, a sufrir pacíficamente. No nos enseñan a dejar de sufrir, sólo a sufrir pacíficamente. Como señaló el reverendo Cleage, dicen que debes dejar que tu sangre corra por las calles. Es una vergüenza. Y él es un pastor cristiano. Si para él es una vergüenza, ya te imaginas lo que es para mí.

En nuestro libro, el Corán, no hay nada que nos enseñe a sufrir pacíficamente. Nuestra religión nos enseña a ser inteligentes. Sé pacífico, sé cortés, obedece la ley, respeta a todo el mundo; pero si alguien te pone la mano encima, mándalo al cementerio. Ésa es una buena religión. De hecho, es la religión de los viejos tiempos. Es la religión de la que solían hablar mamá y papá: ojo por ojo, diente por diente, cabeza por cabeza, vida por vida. Ésa es una buena religión. Y a nadie le puede ofender que se enseñe esa clase de religión sino al lobo que quiere convertirte en su almuerzo.

Así nos pasa a nosotros con el blanco en Estados Unidos. Él es un lobo y tú eres la oveja. Cada vez que un pastor nos enseña a ti y a mí que no debemos huir del blanco y al mismo tiempo nos enseña que no debemos luchar contra el blanco, está traicionándonos a ti y a mí. No entregues la vida así nada más. No, defiende tu vida porque es lo mejor que tienes. Y si tienes que perder la vida, que la cosa sea pareja.

El amo esclavista tomó al tío Tom y lo vistió bien, lo alimentó bien y hasta le dio un poquito de educación —un *poquito* de educación—, le dio una levita y un sombrero de copa y se aseguró de que todos los demás esclavos lo miraran con respeto. Entonces utilizó a Tom para controlarlos. La misma estrategia que se usaba en aquellos tiempos la está usando hoy el mismo hombre blanco. Toma a un negro, a un llamado negro, y lo hace prominente, lo promueve, le da publicidad, lo convierte en una celebridad. Y entonces éste se convierte en vocero de los negros y en líder negro.

Quisiera mencionar otra cosa rápidamente: el método que utiliza el blanco, y cómo utiliza a los "peces gordos" o líderes negros contra la revolución negra. Ellos no son parte de la revolución negra. Son utilizados en contra de la revolución negra.

Cuando Martin Luther King fracasó en su intento de eliminar la segregación en Albany, en el estado de Georgia, la lucha por los derechos civiles en Estados Unidos llegó a su punto más bajo. King quedó prácticamente desprestigiado como líder. La Conferencia de Líderes Cristianos del Sur[5] tuvo problemas financieros; y en general tuvo problemas con el pueblo cuando no logró eliminar la segregación en Albany, Georgia. Otros líderes de la lucha por los derechos civiles, que supuestamente eran de estatura nacional, quedaron desprestigiados. Cuando empezaron a perder su prestigio y su influencia, líderes negros a nivel local empezaron a agitar a las masas. En la ciudad de Cambridge, Maryland, fue Gloria Richardson; en la ciudad de Danville, Virginia, y en otras partes del país, otros líderes locales empezaron a agitar a nuestro pueblo desde las bases. Esto nunca lo habían hecho esos negros de estatura nacional. Ellos te controlan pero nunca te han incitado ni te han animado. Te controlan, te contienen, te han mantenido en la plantación.

En cuanto King fracasó en Birmingham, los negros se lanzaron a la calle. King fue a California a una gran manifestación y recogió qué sé yo cuántos miles de dólares. Vino a Detroit y realizó una marcha y recaudó unos cuantos miles de dólares más. Y recuerda que inmediatamente después Roy Wilkins atacó a King. Acusó a King y al CORE de provocar líos en todas partes y luego hacer que la NAACP los tuviera que sacar de la cárcel y tuviera que gastar muchísimo dinero; acusaron a King y al CORE de recaudar todo el dinero y no restituirlo. Eso ocurrió; tengo pruebas documentadas en el periódico. Roy empezó a atacar a King, y King empezó a atacar a Roy, y Farmer los empezó a atacar a los dos. Y a medida que esos negros de tanta estatura nacional se atacaban entre sí, iban perdiendo su control sobre las masas negras.[6]

Los negros estaban en la calle. Hablaban de cómo iban a marchar a Washington. Precisamente en ese momento había estallado la ciudad de Birmingham, y los negros de Birmingham —acuérdate— también estallaron.[7] Empezaron a apuñalar por la espalda a los blancos racistas del sur y a partirles la cabeza. Sí, señor, eso hicieron. Fue entonces cuando Kennedy envió tropas a Birmingham. Después Kennedy apareció en televisión y dijo: "Ésta es una cuestión moral". Fue entonces cuando dijo que iba a redactar una ley de derechos civiles. Y cuando mencionó la ley de derechos civiles y los blancos racistas del sur empezaron a decir que iban a boicotearla o a obstruirla, entonces los negros empezaron a hablar, ¿de qué? De que iban a hacer una marcha a Washington, una marcha hasta el Senado, una marcha hasta la Casa Blanca, una marcha hasta el Congreso para paralizarlo, detenerlo, para impedir que realizara sus funciones. Hasta dijeron que iban al aeropuerto a acostarse sobre la pista para no dejar aterrizar a los aviones. Te estoy diciendo lo que dijeron. Era una revolución. Aquello era revolución. Era la revolución negra.

Eran las masas las que estaban en la calle. Eso le infundió pánico al blanco, le dio un susto a la estructura del poder blanco en Washington; yo estaba allí. Cuando se enteraron de que aquella aplanadora negra iba a caer sobre la capital, llamaron a Wilkins, llamaron a Randolph, llamaron a esos líderes negros de estatura nacional que tú respetas y les dijeron: "Suspéndanlo". Kennedy dijo: "Miren, ustedes están dejando que esto llegue demasiado lejos". Y el viejo Tom dijo: "Mire patrón, yo no lo puedo detener porque yo no lo inicié". Te estoy diciendo lo que dijeron. Dijeron: "Ni siquiera estoy metido en eso y mucho menos encabezándolo". Dijeron: "Estos negros están actuando por su propia cuenta. Se nos están adelantando". Y ese viejo y astuto zorro les dijo: "Si ustedes no están metidos, los meto yo. Los pondré de líderes. Lo patrocinaré. Le daré la bienvenida. Le daré mi apoyo. Me uniré a todo esto."

Pasaron unas horas. Se reunieron en el hotel Carlyle en la ciudad de Nueva York. El Carlyle es propiedad de la familia Kennedy; es el hotel donde Kennedy pasó la noche anteayer; es propiedad de su familia. Una sociedad filantrópica encabezada por un blanco llamado Stephen Currier reunió a todos los grandes líderes de la lucha por los derechos civiles en el hotel Carlyle. Y les dijo: "Con pelearse entre sí no hacen más que destruir el movimiento por los derechos civiles. Y ya que se están peleando por el dinero de los liberales blancos, vamos a crear lo que se conoce como Consejo de Dirección Unida de los Derechos Civiles. Vamos a crear ese consejo y se integrarán todas las organizaciones que luchan por los derechos civiles, y lo utilizaremos para recabar fondos". Déjame mostrarte lo tramposo que es el blanco. En cuanto lo constituyeron, eligieron como presidente a Whitney Young; ¿y quién crees que fue el copresidente? Stephen Currier, el blanco, un millonario. Powell hablaba de eso hoy en el salón Cobo Hall. De eso estaba hablando. Powell sabe que así fue. Randolph sabe que así fue. Wilkins sabe que así fue. King sabe que así fue. Cada uno de esos Seis Grandes sabe que así fue.[8]

Una vez que constituyeron el consejo, con el blanco arriba, él les prometió y les dio 800 mil dólares para que los Seis Grandes se los repartieran; y les dijo que después de que terminara la marcha les daría 700 mil dólares más. Millón y medio de dólares. . . repartidos entre líderes a los que tú has estado siguiendo, por los que tú has estado yendo a la cárcel y llorando lágrimas de cocodrilo. Y no son más que Frank James y Jesse James y los hermanos qué sé yo cómo se llaman.[9]

En cuanto tuvieron montado este aparato, el blanco les ofreció expertos de primera en relaciones públicas; puso a su disposición medios noticiosos en todo el país que entonces empezaron a presentar a estos Seis Grandes como líderes de la marcha. Al principio ni siquiera figuraban en la marcha. Ustedes hablaban de la marcha en la calle Hastings, hablaban de la marcha en la avenida Lenox y en la calle Fillmore y en la avenida Central y en la calle 32 y en la calle 63. Ahí es donde se estaba hablando de hacer una marcha. Pero el blanco puso a los Seis Grandes a la cabeza; los convirtió en la marcha. Ellos se convirtieron en la marcha. Se apoderaron de ella. Y lo primero que hicieron después de apoderarse de ella fue invitar a[l presidente del sindicato de trabajadores automotrices UAW] Walter Reuther, un blanco; invitaron a un cura, a un rabino y a un viejo predicador blanco; sí, a un viejo predicador blanco. El mismo elemento blanco que puso a Kennedy en el poder: los sindicatos, los católicos, los judíos y los protestantes liberales; la misma camarilla que puso a Kennedy en el poder se unió a la marcha en Washington.

Es igual que cuando tienes un café muy negro, lo que significa que está demasiado fuerte. ¿Qué haces? Lo integras con leche, lo debilitas. Pero si le echas demasiada leche ni siquiera vas a saber que tenías café. Estaba caliente y ahora está frío. Estaba fuerte y ahora está débil. Te despertaba y ahora te duerme. Eso fue lo que hicieron con la marcha en Washington. Se unieron a ella. No se integraron a ella, sino que se infiltraron en ella. Se le pegaron, se hicieron parte de ella, se apoderaron de ella. Y al apoderarse de ella hicieron que perdiera su combatividad. Dejó de ser furiosa, dejó de estar caliente, dejó de ser intransigente. Y hasta dejó de ser una marcha. Se convirtió en un picnic, en un circo. Ni más ni menos que un circo, con payasos y todo. Tuvieron un circo aquí mismo en Detroit —lo vi en televisión—; con payasos que lo dirigían, payasos blancos y payasos negros.[10] Ya sé que no te gusta lo que estoy diciendo pero te lo voy a decir de todas maneras. Porque puedo probar lo que estoy diciendo. Si crees que te estoy diciendo mentiras tráeme a Martin Luther King y a Philip Randolph y a James Farmer y a esos otros tres y a ver si lo niegan ante un micrófono.

No. La vendieron. Se la apropiaron. Cuando [el escritor negro] James Baldwin vino de París no lo dejaron hablar, porque no podían hacerlo atenerse al guión que prepararon. Burt Lancaster leyó el discurso que debía haber pronunciado Baldwin; no dejaron que Baldwin se trepara allí porque saben que Baldwin es capaz de decir cualquier cosa. Lo controlaron todo tan completamente que a esos negros les dijeron cuándo llegar a la ciudad, qué medio de transporte usar, dónde detenerse en el camino, qué carteles llevar, qué canciones cantar, qué discurso podían decir y qué discurso no podían decir; y después les dijeron que abandonaran la ciudad antes de la caída del sol. Y cuando se puso el sol ya no quedaba ni uno solo de aquellos Toms en la ciudad. Ya sé que no te gusta que lo diga. Pero lo puedo comprobar. Fue un circo, un espectáculo que superó cualquier cosa que pudiera montar Hollywood, el espectáculo del año. Reuther y esos otros tres diablos deberían recibir un premio "Oscar" por la mejor actuación, porque actuaron como si de verdad amaran a los negros y embaucaron a todo un montón de negros. Y los seis líderes negros también deberían recibir un premio por el mejor elenco.

CONFERENCIA DE PRENSA, NUEVA YORK

Declaración de independencia

Tras pronunciar un discurso en el Manhattan Center en Nueva York el 1 de diciembre de 1963, alguien le hizo una pregunta a Malcolm X sobre el asesinato del presidente John Kennedy nueve días antes. Malcolm respondió recordando el asesinato del dirigente congolés Patrice Lumumba, del luchador por los derechos civiles Medgar Evers, de los niños muertos por la explosión de una bomba en una iglesia en Birmingham ese año, y del presidente de Vietnam del Sur que, semanas antes, había sido muerto en un golpe de estado organizado por el gobierno de Estados Unidos. Después dijo que el asesinato del presidente Kennedy era simplemente un ejemplo de que "cosecharás lo mismo que sembraste" (la expresión en inglés, *chickens coming home to roost*, significa: "las gallinas siempre vuelven a su gallinero").

La prensa usó esa frase fuera de contexto para atacar a Malcolm X, y Elijah Muhammad, jefe de la Nación del Islam, la usó como pretexto para suspenderlo de la organización el 4 de diciembre. En realidad las diferencias entre Malcolm y la jerarquía conservadora de la Nación del Islam se habían ido agudizando ya durante muchos meses.

El 8 de marzo de 1964 Malcolm anunció que se había separado de la Nación del Islam y que estaba formando una nueva organización. El 12 de marzo realizó una conferencia de prensa en el hotel Park Sheraton de Nueva York, donde leyó la siguiente declaración anunciando la creación de la Mezquita Musulmana, Inc. (Muslim Mosque, Inc.), y explicando más detalladamente sus perspectivas políticas.

Ya que 1964 amenaza con ser un año muy explosivo en el frente racial, y ya que tengo la intención de intervenir activamente en todas las fases de la lucha negra por los *derechos humanos* en Estados Unidos, he convocado esta conferencia de prensa, en la mañana de hoy, a fin de aclarar mi posición en la lucha, y especialmente respecto a la política y a la no violencia.

Soy y siempre seré musulmán. Mi religión es el islam. Todavía creo que el análisis hecho por el señor Muhammad sobre el problema es el más realista, y que su solución es la mejor. Esto significa que yo también creo que la mejor solución es la separación total, que nuestro pueblo regrese a casa, a nuestra propia patria africana.

Pero nuestro retorno a África todavía es un programa a largo plazo, y mientras no se realice, 22 millones de nuestra gente —que aún se encuentran aquí en Estados Unidos— necesitan mejor comida, ropa, vivienda, educación y empleos *ahora mismo*. El programa del señor Muhammad nos enfila hacia nuestro lugar de origen, pero también contiene los elementos de lo que podemos y debemos hacer para ayudar a resolver nuestros propios problemas mientras aún estemos aquí.

Divergencias internas en el seno de la Nación del Islam me obligaron a separarme. No lo hice voluntariamente. Pero ya que ha sucedido, pretendo sacarle el mayor provecho posible. Ahora que tengo más independencia de acción, me propongo emplear un método de trabajo más flexible y trabajar con otra gente para hallarle una solución a este problema.

No pretendo ser un hombre divino, pero creo en la orientación divina, en el poder divino y en el cumplimiento de la profecía divina. No soy un hombre instruido, ni soy un especialista en ningún campo en particular, pero soy sincero, y mi sinceridad es mi credencial.

No es mi propósito combatir a otros líderes negros ni a organizaciones negras. Debemos encontrar una vía común, una solución común a un problema común. Ya me olvidé de todo lo malo que otros líderes han dicho de mí, y ruego que puedan olvidar ellos también todas las cosas malas que he dicho de ellos.

El problema que enfrenta nuestro pueblo aquí en Estados Unidos es mayor que todas las otras diferencias personales u organizativas. Por lo tanto, como dirigentes, debemos dejar de preocuparnos de la amenaza que aparentemente pensamos que representan todos los demás para el prestigio personal de cada uno, y concentrar nuestros esfuerzos para dar solución al interminable daño que se le hace diariamente a nuestro pueblo aquí en Estados Unidos.

Voy a organizar y dirigir una nueva mezquita en la ciudad de Nueva York, conocida como la Mezquita Musulmana, Inc. Esto nos da una base religiosa y la fuerza espiritual necesaria para librar a nuestro pueblo de los vicios que destruyen la moral de nuestra comunidad.

Nuestra filosofía política será el nacionalismo negro. Nuestra filosofía económica y social será el nacionalismo negro. Nuestro énfasis cultural será el nacionalismo negro.

Mucha de nuestra gente no es religiosa, de manera que la Mezquita Musulmana, Inc., estará organizada de tal modo que pueda abarcar la participación activa de todos los negros en nuestros programas políticos, económicos y sociales, independientemente de sus creencias religiosas o no religiosas.

La filosofía política del nacionalismo negro significa que debemos controlar la política y a los políticos de nuestra comunidad. Ya no deben recibir órdenes de fuerzas externas. Nos organizaremos y sacaremos de sus puestos a todos los políticos negros que no son más que títeres de las fuerzas externas.

Nuestro enfoque será la juventud; necesitamos ideas nuevas, métodos nuevos, perspectivas nuevas. Haremos un llamado a todos los jóvenes estudiantes de ciencias políticas en el país para que nos ayuden. Animaremos a estos jóvenes estudiantes a que emprendan su propio estudio independiente y después nos comuniquen sus análisis y sugerencias. Estamos totalmente decepcionados con esos políticos viejos, adultos, establecidos. Queremos ver rostros nuevos, rostros más militantes.

En cuanto a las elecciones de 1964 mantendremos nuestros planes en secreto hasta una fecha posterior. . . pero no tenemos la intención de dejar que nuestro pueblo sea nuevamente víctima de una traición política en 1964.

La Mezquita Musulmana, Inc., se mantendrá abierta a las ideas y a la ayuda financiera de todo tipo. Los blancos nos pueden ayudar, pero no pueden unirse a nosotros. No puede haber unidad entre negros y blancos hasta que no haya primero unidad entre los negros. No puede haber solidaridad entre los trabajadores hasta que no haya primero solidaridad racial. No podemos pensar en unirnos a otra gente hasta que primero no nos hayamos unido nosotros mismos. No podemos ni pensar en ser aceptables para los demás hasta que primero no hayamos demostrado que somos aceptables para nosotros mismos. Uno no puede unir plátanos con hojas sueltas.

Y en cuanto a la no violencia, es un crimen enseñar a un hombre a no defenderse cuando es víctima constante de ataques brutales. Es legal y es lícito tener una escopeta o un rifle. Nosotros creemos en obedecer la ley.

En lugares donde nuestro pueblo es víctima constante de la brutalidad, y el gobierno parece ser incapaz de protegerlo o es renuente a hacerlo, debemos formar asociaciones de práctica de tiro que podamos usar para defender nuestra vida y nuestra propiedad en casos de emergencia, tal como ocurrió en Birmingham; Plaquemine, Luisiana; Cambridge, Maryland; y Danville, Virginia. Cuando a nuestra gente la muerden los perros, tiene derecho de matar esos perros.

Debemos ser pacíficos y respetar la ley, pero ha llegado la hora de que el negro norteamericano luche en defensa propia siempre y dondequiera que sea atacado injusta e ilegalmente.

Si el gobierno considera que hago mal en decir esto, entonces tiene que empezar a desempeñar sus propias responsabilidades.

El voto o la bala

Diez días después de anunciar la fundación de la Mezquita Musulmana, Inc., Malcolm X organizó el primero de cuatro mítines públicos en el barrio negro de Harlem, en Nueva York. También fue invitado a participar en eventos en varias ciudades como Boston, Cleveland y Detroit.

En este discurso que pronunció en Cleveland en la iglesia metodista Cory, Malcolm presentó muchos de los temas que había desarrollado en los mítines semanales de Harlem. Patrocinado por la rama en Cleveland del Congreso por la Igualdad Racial (Congress of Racial Equality—CORE), el foro fue titulado "La revuelta negra: ¿qué hacer?" El primer orador fue Louis Lomax, un conocido periodista negro. Unas 2 mil personas asistieron al mitin.

Aquí presentamos extractos mayores del discurso de Malcolm; el título que escogió para su presentación fue "El voto o la bala". Por diversas razones, la convención nacionalista proyectada para agosto de 1964 y que Malcolm menciona en este discurso no ocurrió.

Señor moderador, hermano Lomax, hermanos y hermanas, amigos y enemigos —porque sencillamente no puedo creer que aquí todos sean amigos y no quiero omitir a nadie—. Esta noche el tema es, a mi entender, "La revuelta negra y ¿qué rumbo tomamos de aquí en adelante?" o "¿qué hacer?" A mi humilde manera de entenderlo las alternativas son o el voto o la bala.

Antes de tratar de explicar lo que quiere decir eso del voto o la bala, quisiera aclarar algo con respecto a mí mismo. Todavía soy musulmán, mi religión sigue siendo el islam. Ésa es mi creencia personal. Igual que Adam Clayton Powell es un pastor cristiano y encabeza la Iglesia Bautista Abisinia en Nueva York, pero al mismo tiempo participa en las luchas políticas para tratar de ganar derechos para los negros en este país; y que el doctor Martin Luther King es un pastor cristiano en Atlanta, Georgia, y encabeza otra organización que lucha por los derechos civiles de los negros en este país; y que el reverendo Galamison —supongo que habrán oído hablar de él— es otro pastor cristiano en Nueva York que se ha visto profundamente involucrado en los boicots de las escuelas para eliminar la enseñanza segregada; bueno, pues yo también soy pastor, no pastor cristiano, sino pastor musulmán, y creo en la acción en todos los frentes y por todos los medios que sean necesarios.

Pero aunque sigo siendo musulmán no vine aquí esta noche para hablar sobre mi religión. No vine para tratar de hacerlos cambiar de religión. No vine para discutir ni polemizar sobre ninguna de las cosas sobre las que diferimos, porque ya es hora de superar nuestras diferencias y darnos cuenta de que es mejor para nosotros ver primero que tenemos el mismo problema, un problema común que te hace vivir en un infierno lo mismo si eres bautista que si eres metodista o musulmán o nacionalista. Lo mismo si eres instruido que si eres analfabeto, si vives en la alameda que si vives en el callejón, vas a vivir en un infierno igual que yo. Todos estamos en el mismo aprieto y a todos nos toca vivir el mismo infierno a manos del mismo hombre blanco. Todos nosotros hemos sufrido aquí, en este país, la opresión política a manos del blanco, la explotación económica a manos del blanco y la degradación social a manos del blanco.

Ahora bien, que hablemos así no quiere decir que estemos en contra del blanco, pero sí quiere decir que estamos en contra de la explotación, que estamos en contra de la degradación, que estamos en contra de la opresión. Y si el blanco no quiere que seamos antiblancos, que deje de oprimirnos y de explotarnos y de degradarnos. Lo mismo si somos cristianos que si somos musulmanes o nacionalistas o agnósticos o ateos, tenemos que aprender primero a olvidar nuestras diferencias. Si hay diferencias entre nosotros, debemos discutirlas a puerta cerrada; cuando salgamos a la calle, que no haya nada que discutir entre nosotros hasta que no hayamos terminado de discutir con ese hombre blanco. Si el difunto presidente Kennedy pudo reunirse con Jruschov para venderle un poco de trigo, no cabe duda de que tenemos más en común entre nosotros que Kennedy y Jruschov tenían entre sí.

Si no hacemos algo muy pronto me parece que estarás de acuerdo en que nos vamos a ver obligados a escoger entre el voto y la bala. En 1964 hay que escoger entre una cosa y la otra. No es que el tiempo se esté acabando. ¡El tiempo ya se nos agotó! El año 1964 amenaza con ser el año más explosivo que Estados Unidos haya presenciado jamás. El año más explosivo. ¿Por qué? También es un año político. Es el año en que todos los políticos blancos volverán a meterse en la llamada comunidad negra para engañarnos y sacarnos unos cuantos votos. El año en que todos los embusteros políticos blancos volverán a meterse en nuestra comunidad con sus falsas promesas, alentando nuestras esperanzas para luego defraudarnos con sus trucos y sus traiciones, con promesas falsas que no tienen intención de cumplir. A medida que ellos fomentan el descontento, todo esto no puede conducir más que a una cosa: a una explosión. Y hoy tenemos en Estados Unidos al tipo de hombre negro —lo siento, hermano Lomax— que no tiene ninguna intención de seguir ofreciendo la otra mejilla.

No dejes que nadie te venga con el cuento de que estás en desventaja. Si te reclutan al ejército, te mandan a Corea y hacen que te enfrentes a 800 millones de chinos. Si puedes ser tan valiente allá, también puedes ser valiente aquí mismo. Aquí no tienes una desventaja tan grande como allá. Y si luchas aquí, por lo menos sabrás para qué estás luchando.

No soy político, ni siquiera soy estudioso de la política; en realidad no soy estudioso de nada. No soy demócrata, no soy republicano y ni siquiera me considero norteamericano. Si tú y yo fuéramos norteamericanos no habría problemas. Esos europeos que acaban de bajarse del barco ya son norteamericanos; los polacos ya son norteamericanos; los refugiados italianos ya son norteamericanos. Todo el que venga de Europa, todo el que tenga ojos azules, ya es norteamericano. Y con todo el tiempo que llevamos aquí, tú y yo todavía no somos norteamericanos.

Bueno, yo no creo en eso de engañarse a sí mismo. No me voy a sentar a tu mesa con el plato vacío para verte comer y decir que soy un comensal. Si yo no pruebo lo que hay en ese plato, el sentarme a la mesa no me hace un comensal. El vivir en Estados Unidos no nos hace norteamericanos. El haber nacido aquí no nos hace norteamericanos. Porque si el nacimiento nos hiciera norteamericanos, no se necesitaría ninguna ley, no se necesitaría ninguna enmienda a la Constitución, no habría que bregar con los intentos de obstruir los derechos civiles en Washington. Para que un polaco sea norteamericano no hace falta promulgar leyes de derechos civiles.

No, yo no soy norteamericano. Soy uno de los 22 millones de negros que son víctimas del norteamericanismo. Uno de los 22 millones de negros que son víctimas de la democracia, que no es más que hipocresía enmascarada. Así que no les hablo como norteamericano ni como patriota ni como uno de ésos que saluda o que hace ondear la bandera; no, yo no. Yo hablo como víctima de este sistema norteamericano. Y veo a Estados Unidos con los ojos de la víctima. No veo ningún sueño norteamericano; veo una pesadilla norteamericana.

Estos 22 millones de víctimas están despertando. Están abriendo los ojos. Están empezando a ver lo que antes sólo miraban. Están madurando políticamente. Se están dando cuenta de que hay nuevas tendencias políticas de una costa a la otra. Como ven estas nuevas tendencias políticas, pueden ver que cada vez que hay elecciones el resultado es tan reñido que hay que hacer un recuento. Tuvieron que hacerlo en Massachusetts, por lo pareja que estuvo la votación, para ver quién iba a ser gobernador. Lo mismo pasó en Rhode Island, en Minnesota y en muchas otras partes del país. Y lo mismo pasó con Kennedy y Nixon cuando compitieron por la presidencia. Fue tan reñida la cosa que tuvieron que hacer un recuento de todos los votos. Bueno, ¿y eso qué quiere decir? Quiere decir que cuando los blancos están divididos equilibradamente y los negros tienen un bloque de votos propios, les toca a éstos determinar quién irá a parar a la Casa Blanca y quién irá a parar a la perrera.

Fue el voto del negro el que instaló a la nueva administración en Washington. Tu voto, tu voto necio, tu voto ignorante, tu voto malgastado fue el que instaló en Washington a una administración que ha promulgado toda clase de leyes imaginables, dejándote hasta el último, y que encima de todo obstruye [la aprobación de la ley de derechos civiles]. Y tus líderes y los míos tienen la osadía de andar aplaudiendo por ahí y hablando de cuánto estamos progresando. Y hablando de qué buen presidente tenemos. Si no fue bueno en Texas, seguro que no será bueno en Washington.[11] Porque Texas es un estado donde te linchan. Allí soplan los mismos vientos que en Misisipí, no hay diferencia; sólo que en Texas te linchan con acento tejano y en Misisipí con acento de Misisipí. Y estos líderes negros tienen la osadía de ir a tomar café en la Casa Blanca con un tejano, con un blanco racista del Sur —no es más que eso—, para luego venir a decirnos a ti y a mí que él, como es del Sur, va a ser mejor con nosotros porque sabe cómo bregar con los sureños. ¿Qué clase de lógica es ésa? Que pongan a[l senador segregacionista de Misisipí James] Eastland de presidente: él también es del Sur. Él sabría aún mejor que Johnson cómo tratarnos. [. . .]

De manera que ya es hora de despertar en 1964. Y cuando los veas salir con esa clase de conspiraciones, hazles saber que tienes los ojos abiertos. Y hazles saber que hay otra cosa que también está abierta. Tiene que ser el voto o la bala. El voto o la bala. Si te da miedo usar una expresión como ésa, deberías irte del país, deberías regresar a la plantación algodonera, deberías volver a esconderte en el callejón. Ellos reciben todos los votos de los negros y, después de recibirlos, el negro no recibe nada a cambio. Lo único que hicieron al llegar a Washington fue darles buenos empleos a unos cuantos negros importantes. Esos negros importantes no necesitaban buenos empleos, ya tenían trabajo. Eso es un camuflaje, es un truco, es una traición, un teatro. No estoy tratando de atacar a los demócratas en favor de los republicanos; ya bregaremos con ellos dentro de un minuto. Pero es verdad: tú pones a los demócratas en primer lugar y ellos te ponen al último. [. . .]

Entonces, ¿qué rumbo seguimos de aquí en adelante? Primero necesitamos amigos. Necesitamos aliados nuevos. Toda la lucha por los derechos civiles necesita una nueva interpretación, una interpretación más amplia. Necesitamos contemplar este asunto de los derechos civiles desde otro ángulo, tanto desde adentro como desde afuera. Para los que seguimos la filosofía del nacionalismo negro, la única manera de participar en la lucha por los derechos civiles será dándole una nueva interpretación. La vieja interpretación nos excluía. Nos dejaba fuera. Por eso le estamos dando una nueva interpretación que nos permita adentrarnos en ella, tomar parte en esa lucha. Y a estos tíos Tom que han estado actuando con evasivas, claudicaciones y componendas, no los vamos a dejar que sigan con sus evasivas, con sus claudicaciones ni con sus componendas.

¿Cómo puedes agradecerle a un hombre por darte lo que ya es tuyo? ¿Cómo puedes, entonces, agradecerle que te dé sólo una parte de lo que ya es tuyo? Si lo que te están dando ya deberías haberlo tenido desde antes, no has progresado. Eso no es progreso. Y me encanta la manera en que mi hermano Lomax señaló que nos hallamos otra vez donde estábamos en 1954.[12] Estamos más atrasados ahora que en 1954. Hay más segregación ahora que en 1954. Hay más animosidad racial, más odio racial, más violencia racial hoy en 1964 que en 1954. ¿Dónde está el progreso?

Y ahora enfrentas una situación en que el joven negro está alzando la cabeza. Y no quiere oír nada de "ofrecer la otra mejilla". No. En Jacksonville —y eran adolescentes— estaban arrojando cócteles Molotov. Los negros nunca lo habían hecho antes. Pero eso demuestra que hay algo nuevo en el escenario. Hay una nueva manera de pensar. Hay una nueva estrategia. Serán los cócteles Molotov este mes, las granadas de mano el mes que viene y otra cosa el mes siguiente. Será el voto o la bala. Será la libertad o será la muerte. La única diferencia es que ahora la muerte será recíproca. ¿Sabes lo que quiere decir "recíproca"? Ésa es una de las palabras del hermano Lomax: se la robé. Por lo general no manejo esas palabras altisonantes porque no suelo codearme con gente importante. Me codeo con gente humilde. Sé que puedes juntar a un montón de gente humilde y poner a correr a un montón de gente importante. Los humildes no tienen nada que perder y pueden ganarlo todo. Y te lo hacen saber en seguida: "Hacen falta dos para bailar el tango; y si yo me caigo tú te caes conmigo".

Los nacionalistas negros, que creen en la filosofía del nacionalismo negro, al introducir esta nueva interpretación de lo que significan los derechos civiles, lo entienden en el sentido —como señaló el hermano Lomax— de la igualdad de oportunidades. Bueno, tenemos derecho de luchar por los derechos civiles si eso significa igualdad de oportunidades, porque en ese caso lo único que estamos haciendo es tratar de cobrar nuestras inversiones. Nuestros padres invirtieron sudor y sangre. Trabajamos 310 años en este país sin recibir *ni un centavo* a cambio. Tú dejas que el blanco se pasee por aquí hablando de lo rico que es este país, pero nunca te paras a pensar cómo se hizo rico tan rápido. Se hizo rico porque tú lo hiciste rico.

Mira por ejemplo a la gente que está reunida ahora mismo en este auditorio. Son pobres; todos nosotros somos pobres como individuos. El salario semanal de cada uno no suma casi nada. Pero si tomas colectivamente el salario de todos los que estamos aquí podrás llenar un montón de sacos. Es un montón de dinero. Si pudieras recoger un año de salarios sólo de la gente que está aquí ahora te harías rico, más que rico. Cuando analizas así las cosas piensa en lo rico que tiene que haberse hecho el tío Sam, no con este manojo de gente, sino con millones de negros. Con tus padres y los míos, que no trabajaron turnos de ocho horas sino de sol a sol, y que trabajaban gratis haciendo rico al blanco, haciendo rico al tío Sam.

Ésa es nuestra inversión. Ésa es nuestra contribución: nuestra sangre. No sólo dimos gratis nuestro trabajo: dimos nuestra sangre. Cada vez que había un llamado a las armas éramos los negros los primeros en vestir el uniforme. Moríamos en todos los campos de batalla del blanco. Hemos hecho un sacrificio mayor que el de cualquier otro que viva actualmente en Estados Unidos. Hemos hecho una contribución mayor y hemos cobrado menos. Para los que seguimos la filosofía del nacionalismo negro, los derechos civiles significan: "Ya. No esperen al año que viene. Aunque nos dieran nuestros derechos ayer no sería bastante rápido."

Me detengo por un momento para señalar una cosa. Siempre que estés luchando por algo que te pertenece, el que te prive de ese derecho es un criminal. Entiéndelo. Siempre que andes detrás de algo que sea tuyo, tienes el derecho legal de reclamarlo. Y el que haga cualquier intento de privarte de lo que es tuyo está violando la ley y es un criminal. Lo señaló la decisión de la Corte Suprema. Prohibió la segregación. Y eso significa que la segregación viola la ley. Y eso quiere decir que un segregacionista está violando la ley. Un segregacionista es un criminal. No se le puede aplicar ningún otro calificativo. Y cuando haces una manifestación contra la segregación, la ley está de tu lado. La Corte Suprema está de tu lado.

Ahora bien, ¿quién es el que se opone a la aplicación de la ley? El propio departamento de policía. Con perros policías y con garrotes. Siempre que decidas manifestarte contra la segregación, ya se trate de la enseñanza segregada, de la vivienda segregada o de cualquier otra cosa, la ley estará de tu parte, y el que se te ponga en el camino deja de representar la ley. Está violando la ley, no representa la ley. Siempre que participes en una manifestación contra la segregación y un hombre tenga la osadía de echarte encima a un perro policía, *mata ese perro*, mátalo, te digo que mates ese perro. Lo digo aunque mañana me cueste la cárcel: mata ese perro. Así le pondrás punto final a este asunto. Ahora, si estos blancos que están aquí no quieren ver esa clase de acción, que vayan y le digan al alcalde que le diga al departamento de policía que retire los perros. Eso es lo único que tienes que hacer. Si tú no lo haces, otra persona sí lo hará.

Si no adoptas ese tipo de actitud, tus hijos crecerán y empezarán a pensar: "¡Qué vergüenza!" Si no adoptas una actitud intransigente. . . . No quiero decir con eso que salgas y te pongas violento; pero al mismo tiempo, nunca debes ser no violento, a menos que te encuentres en una situación no violenta. Yo soy no violento con los que son no violentos conmigo. Pero si alguien me agrede con violencia, entonces me hace perder la cabeza y ya no respondo de mis acciones. Y así deben ser todos los negros. Siempre que sepas que te respalda la ley, que es tu derecho moral, en conformidad con la justicia, entonces muere por tus creencias. Pero no mueras solo. Que tu muerte sea recíproca. Eso es lo que quiere decir igualdad. Lo que es justo para ti es justo para mí.

Cuando empezamos a adentrarnos en este terreno necesitamos nuevos amigos, necesitamos nuevos aliados. Necesitamos ampliar la lucha por los derechos civiles llevándola a niveles más altos: al nivel de los derechos humanos. Mientras estés enfrascado en una lucha por derechos civiles, entiéndelo, te estarás limitando a la jurisdicción del tío Sam. Nadie del mundo exterior puede manifestarse en tu favor mientras tu lucha sea una lucha por derechos civiles. Los derechos civiles son parte de los asuntos internos de este país. Ninguno de nuestros hermanos africanos ni de nuestros hermanos asiáticos ni de nuestros hermanos latinoamericanos puede abrir la boca para interferir en los asuntos internos de Estados Unidos. Mientras se trate de derechos civiles se limita a la jurisdicción del tío Sam.

Pero Naciones Unidas tiene lo que se conoce como la Carta de los Derechos Humanos, tiene un comité que se ocupa de la cuestión de los derechos humanos. Te preguntarás por qué todas las atrocidades que se han cometido en África y en Hungría y en Asia y en América Latina son traídas ante la ONU y el problema negro nunca es traído ante la ONU. Eso forma parte de la conspiración. Este liberal viejo y tramposo de ojos azules, que finge ser tu amigo y mi amigo, que simula subsidiar nuestra lucha y que pretende actuar en calidad de consejero, nunca te dice nada sobre los derechos humanos. Te enreda en la cuestión de los derechos civiles. Y te pasas tanto tiempo empantanado en los derechos civiles que ni te das cuenta que existen los derechos humanos.

Cuando elevas la lucha por los derechos civiles al nivel de los derechos humanos, puedes llevar el caso del negro de este país ante las naciones reunidas en la ONU. Puedes llevarlo ante la

Asamblea General. Puedes llevar al tío Sam ante un tribunal mundial. Pero sólo puedes hacerlo al nivel de los derechos humanos. Los derechos civiles te mantienen bajo sus restricciones, bajo su jurisdicción. Los derechos civiles te dejan a su merced. Los derechos civiles significan que le estás pidiendo al tío Sam que te trate bien. En cambio los derechos humanos son algo con lo que tú naciste. Los derechos humanos son los derechos que Dios te dio. Los derechos humanos son los derechos reconocidos por todas las naciones de este mundo. Y siempre que alguien viole tus derechos humanos podrás llevarlo ante un tribunal mundial. El tío Sam tiene las manos empapadas en sangre, empapadas en la sangre de los negros de este país. Es el hipócrita número uno de este mundo. Tiene la audacia . . . sí que la tiene. Imagínate, él se las da de líder del mundo libre. ¡El mundo libre! ¡Y tú aquí sigues cantando "Nosotros triunfaremos"! Eleva la lucha por los derechos civiles al nivel de los derechos humanos, llévala ante Naciones Unidas, donde nuestros hermanos africanos puedan hacer sentir su peso a nuestro favor, donde nuestros hermanos asiáticos puedan hacer sentir su peso a nuestro favor, donde nuestros hermanos latinoamericanos puedan hacer sentir su peso a nuestro favor y donde 800 millones de chinos, que están ahí esperando, puedan hacer sentir su peso a nuestro favor.

Que el mundo sepa lo ensangrentadas que tiene las manos. Que el mundo conozca la hipocresía que se practica aquí. Que sea el voto o la bala. Que él sepa que tiene que ser el voto o la bala.

Cuando llevas tu caso a Washington, lo estás llevando ante el criminal responsable; es como huir del lobo hacia la zorra. Todos ellos están encompadrados. Todos hacen trampas políticas y te hacen quedar como un tonto ante los ojos del mundo. Aquí estás paseándote por Estados Unidos, preparándote para que te recluten y te manden al exterior, como soldadito de plomo, y cuando llegas allá y la gente te pregunta por qué luchas no sabes ni qué decir. No, lleva al tío Sam ante los tribunales, llévalo ante el mundo.

Para mí el voto significa simplemente la libertad. ¿No sabes —y en esto no estoy de acuerdo con Lomax— que el voto es más importante que el dólar? ¿Que si puedo probarlo? Sí. Mira la

ONU. Hay naciones pobres en la ONU; sin embargo, esas naciones pobres unen la potencia de sus votos y les impiden dar un paso a las naciones ricas. Tienen un voto por nación; todo el mundo tiene un voto igual. Y cuando esos hermanos de Asia y de África y de las naciones más oscuras de esta Tierra se unen, la potencia de sus votos basta para mantener a raya al tío Sam. O para mantener a raya a Rusia. O para mantener a raya a cualquier otra parte del mundo. De modo que el voto es sumamente importante.

Ahora mismo, en este país, si tú y yo, los 22 millones de afroamericanos... eso es lo que somos, africanos que estamos en Norteamérica. Tú no eres ni más ni menos que un africano. Ni más ni menos que un africano. Es más, saldrías ganando con llamarte africano en vez de negro. A los africanos no los maltratan. Los maltratan solamente a ustedes. No hay necesidad de promulgar leyes de derechos civiles para los africanos. Un africano puede ir adonde le plazca en este mismo momento. Te basta con ponerte un trapo en la cabeza, así nomás, y ve adonde se te ocurra. Simplemente deja de ser negro. Cámbiate el nombre a Hugagaguba. Eso te demonstrará lo necio que es el blanco. Te las estás viendo con un necio. Un amigo mío, que es de tez bien oscura, se puso un turbante en la cabeza y entró en un restaurante de Atlanta antes de que la consideraran una ciudad integrada. Entró en un restaurante para blancos, se sentó, lo atendieron y preguntó: "¿Qué pasaría si aquí entrara un negro?" Y ahí estaba él sentado, más negro que la noche; pero como tenía la cabeza envuelta en aquel turbante, la camarera se volvió y le dijo: "Qué va, ningún *nigger* se atrevería a entrar aquí".

De manera que te las estás viendo con un hombre cuyos prejuicios y predisposiciones le están haciendo perder el juicio, la inteligencia, cada día más. Está asustado. Mira a su alrededor y ve lo que está pasando en este mundo, y ve que el péndulo del tiempo se inclina a tu favor. La gente de piel oscura está despertando. Le están perdiendo el miedo al blanco. Y el blanco no está ganando en ninguno de los lugares donde está peleando ahora. Dondequiera que está peleando lo hace contra hombres de nuestro color, de nuestro aspecto. Y esos hombres lo están derrotando. Ya no puede seguir ganando. Ya ganó su última batalla. No pudo ganar la guerra de Corea. No la pudo ganar. Tuvo que firmar una tregua. Eso es una derrota. Siempre que al tío Sam, con toda su maquinaria bélica, lo obliguen a aceptar una tregua unos pobres que no comen más que arroz, es que ha perdido la batalla. Tuvo que firmar la tregua. Se supone que Estados Unidos no firme tregua alguna. Se supone que Estados Unidos sea feroz. Pero ya no es tan bravo como antes. Es bravo cuando puede usar su bomba de hidrógeno, pero no puede usar las suyas por temor de que Rusia también las use. Rusia no puede usar las suyas, pues teme que el tío Sam también use las suyas. De manera que están desarmados los dos. No pueden usar el arma, pues el arma de cada uno anula la del otro. Así que el único lugar donde puede haber acción es en tierra firme, y el blanco ya no puede ganar otra guerra más en ese terreno. Esos días ya pasaron. El hombre negro lo sabe, el hombre moreno lo sabe, el hombre rojo lo sabe, el hombre amarillo lo sabe. Por eso le hacen guerra de guerrillas. Y ése no es el estilo del tío Sam. Hay que ser valiente para ser guerrillero y él no es valiente. Te lo aseguro.

Quiero darte un poco de información sobre la guerra de guerrillas porque un día de éstos, un día de estos. . . . Hay que tener valor para ser guerrillero porque luchas por tu propia cuenta. En la guerra convencional tienes tanques y te respalda un montón de gente, hay aviones que vuelan sobre tu cabeza y toda clase de cosas de ese tipo. Pero el guerrillero está solo. No tiene más que un fusil, unos zapatos tenis y un plato de arroz. Eso es lo único que necesita; y mucho valor. En algunas de esas islas del Pacífico donde estaban los japoneses, cuando desembarcaban los soldados norteamericanos, a veces un solo japonés podía impedir el avance de todo un ejército. Sencillamente esperaba a la puesta del sol y entonces quedaban todos iguales. Empuñaba su cuchillo y se deslizaba de un arbusto a otro y de un norteamericano a otro. Y los soldados blancos no podían bregar con eso. Siempre que te topes con un soldado blanco que haya combatido en el Pacífico lo verás con temblores, con los nervios alterados, porque allá lo asustaron mortalmente.

Lo mismo les pasó a los franceses en Indochina francesa. Los que sólo unos años antes habían sido campesinos dedicados al cultivo del arroz, se unieron y sacaron de Indochina al altamente mecanizado ejército francés. No se necesitan armamentos modernos: hoy no sirven esos armamentos. Son los días de la guerrilla. Lo mismo hicieron en Argelia. Los argelinos, que no eran más que beduinos, cogieron un fusil y se alzaron en las lomas y De Gaulle y todo su estupendo equipo bélico no pudieron derrotar a esos guerrilleros. En ningún lugar del mundo puede ganar el hombre blanco cuando se enfrenta a una guerra de guerrillas. No es su vaina. Por lo mismo que la guerra de guerrillas está prevaleciendo en Asia y en algunas partes de África y América Latina, habría que ser muy ingenuo o menospreciar mucho al negro para no darse cuenta que un día va a despertar y ver que tiene que escoger entre el voto y la bala.

Me gustaría decir, para terminar, algunas palabras sobre la Mezquita Musulmana, Inc., que establecimos recientemente en la ciudad de Nueva York. Es verdad que somos musulmanes y que nuestra religión es el islam; pero no mezclamos nuestra religión con nuestra política ni con nuestra economía, como no la mezclamos con nuestras actividades sociales y civiles; ya no. Practicamos nuestra religión en nuestra mezquita. Cuando terminan nuestros servicios religiosos, entonces participamos como musulmanes en la acción política, en la acción económica y en la acción social y civil. Nos unimos a cualquiera, en cualquier lugar, en cualquier momento y de cualquier manera, siempre que sea para eliminar los males políticos, económicos y sociales que afligen al pueblo de nuestra comunidad.

La filosofía política del nacionalismo negro consiste en que el negro controle la política y a los políticos de su propia comunidad, y nada más que eso. El hombre negro en la comunidad negra tiene que ser reeducado para que aprenda la ciencia de la política, para que sepa lo que la política debe darle a cambio. No malgastes el voto. Un voto es como una bala. No uses tu voto hasta que no veas un objetivo, y si ese objetivo no está a tu alcance, guárdate la boleta en el bolsillo. La filosofía política del nacionalismo negro se en-

seña hoy día en la iglesia cristiana. La están enseñando en la
NAACP. La están enseñando en los mítines del CORE. La están
enseñando en los mítines de la SNCC [Student Nonviolent Coor-
dinating Committee—Coordinadora No Violenta de Estudian-
tes]. La están enseñando en los mítines musulmanes. La están
enseñando en lugares donde no se reúnen más que ateos y agnósticos. La están enseñando en todas partes. Los negros están hartos
de la indecisión, la timidez y el conformismo que hemos estado
empleando para obtener nuestra libertad. Queremos la libertad
ahora, pero no la vamos a obtener diciendo "Nosotros triunfaremos". Tenemos que luchar hasta triunfar.

La filosofía económica del nacionalismo negro es pura y simple.
Consiste sencillamente en que controlemos la economía de nuestra comunidad. ¿Por qué han de ser blancos los dueños de todas
las tiendas de nuestra comunidad? ¿Por qué han de ser blancos los
dueños de los bancos en nuestra comunidad? ¿Por qué ha de estar
en manos del blanco la economía de nuestra comunidad? ¿Por
qué? Si un negro no puede trasladar su tienda a una comunidad
blanca, tú me dirás por qué un blanco ha de trasladar su tienda a
una comunidad negra. La filosofía del nacionalismo negro abarca
un programa de reeducación de la comunidad negra en lo relativo
a la economía. Hay que hacerle entender a nuestro pueblo que
cada vez que alguien saca un dólar de su comunidad y lo gasta en
una comunidad donde no vive, la comunidad donde vive se va
empobreciendo más y más, mientras que la comunidad donde
gasta su dinero se va haciendo más y más rica. Y después te
preguntas por qué la comunidad donde vives siempre es un ghetto
y un barrio de mala muerte. Y tú y yo no sólo perdemos el dinero
cuando lo gastamos fuera de la comunidad, sino que el blanco
tiene en su poder todas las tiendas de nuestra comunidad; de
manera que, aunque lo gastemos dentro de la comunidad, a la
caída del sol el dueño de la tienda se lo lleva a otra parte de la
ciudad. Nos tiene atrapados.

Así pues, la filosofía económica del nacionalismo negro significa para todas las iglesias, para toda organización cívica, para toda
orden fraternal, que ya es hora de que nuestro pueblo adquiera

conciencia de lo importante que es controlar la economía de nuestra propia comunidad. Si nos hacemos dueños de las tiendas, si dirigimos los negocios, si tratamos de establecer algunas industrias en nuestra comunidad, estaremos progresando hacia una posición en que crearemos empleos para los nuestros. Una vez que logras controlar la economía en tu propia comunidad, no hay necesidad de hacer piquetes ni boicoteo ni de suplicarle al blanco racista de la ciudad que nos dé un empleo en su negocio.

La filosofía social del nacionalismo negro consiste simplemente en que tenemos que unirnos y combatir los males, los vicios, el alcoholismo, la narcomanía y otros males que están destruyendo la moral de nuestra comunidad. Nosotros mismos tenemos que elevar el nivel de nuestra comunidad, tenemos que elevar el nivel de vida de nuestra comunidad, tenemos que embellecer nuestra propia sociedad para sentirnos satisfechos en nuestros propios círculos sociales y no andar tratando de abrirnos paso en un círculo social donde no nos quieren.

Entonces digo que al predicar el nacionalismo negro no nos proponemos hacer que el negro revalorice al blanco —ya tú lo conoces—, sino que el negro se revalorice a sí mismo. No hagas cambiar de ideas al blanco; no es posible hacer que cambie de ideas, y todo ese asunto de apelar a la conciencia moral de Estados Unidos. . . la conciencia de Estados Unidos está en quiebra. Hace mucho tiempo que perdió toda conciencia. El tío Sam no tiene conciencia. Ellos no saben lo que es la moral. No tratan de eliminar el mal porque sea un mal ni porque sea ilegal ni tampoco porque sea inmoral; lo eliminan solamente cuando amenaza su existencia. De manera que estás perdiendo el tiempo si apelas a la conciencia de un hombre que está en bancarrota moral como el tío Sam. Si tuviera conciencia, arreglaría este asunto sin que se ejerciera sobre él mayor presión. Así que no es necesario hacer que el blanco cambie de ideas. Tenemos que cambiar de ideas nosotros mismos. No podemos hacer que él cambie sus ideas acerca de nosotros. Somos nosotros los que tenemos que cambiar las ideas que tenemos sobre nosotros mismos. Tenemos que vernos unos a otros con ojos nuevos. Tenemos que vernos unos a otros como hermanos. Tenemos que juntarnos fraternalmente para poder crear la unidad y la armonía necesarias para resolver nosotros mismos este problema. ¿Cómo podemos lograrlo? ¿Cómo podemos evitar la envidia? ¿Cómo podemos evitar la desconfianza y las divisiones que existen en la comunidad?[. . .]

Nuestro evangelio es el nacionalismo negro. No intentamos amenazar la existencia de ninguna organización, sino que divulgamos el evangelio del nacionalismo negro. Donde sea que haya una iglesia que también predique y practique el evangelio del nacionalismo negro, únete a esa iglesia. Si la NAACP predica y practica el evangelio del nacionalismo negro, únete a la NAACP. Si el CORE divulga y practica el evangelio del nacionalismo negro, únete al CORE. Únete a cualquier organización que tenga un evangelio que favorece la superación del hombre negro. Y si te unes y observas que titubean o aceptan componendas, retírate porque eso no es nacionalismo negro. Encontraremos otra organización.

Y de esta forma, las organizaciones crecerán en número y en cantidad y en calidad, y para agosto pensamos tener una convención nacionalista negra que integrará delegados de todo el país que se interesen en la filosofía del nacionalismo negro. Después de que se reúnan estos delegados, celebraremos un seminario, realizaremos discusiones, escucharemos a todos. Queremos escuchar ideas nuevas y soluciones nuevas y respuestas nuevas. Y en ese momento, si nos parece conveniente organizar un partido nacionalista negro, organizaremos un partido nacionalista negro. Si es necesario organizar un ejército nacionalista negro, organizaremos un ejército nacionalista negro. Será el voto o la bala. Será la libertad o será la muerte.

La revolución negra

Casi 600 personas asistieron a este mitin patrocinado por el Militant Labor Forum en el anfiteatro Palm Gardens en Nueva York. El Militant Labor Forum es una serie semanal de reuniones públicas, asociada con el semanario socialista *The Militant,* que ofrece una tribuna para el libre intercambio de ideas sobre temas políticos de interés para el pueblo trabajador.

Malcolm inició un viaje de cinco semanas a La Meca y a varios países de África y del Medio Oriente unos días después de pronunciar este discurso, del cual publicamos fragmentos.

Amigos y enemigos: espero que podamos charlar informalmente esta noche, causando el menor número de chispas posibles, teniendo en cuenta la condición altamente explosiva del mundo en estos momentos. A veces, cuando a alguien se le está quemando la casa y viene otro gritando "¡fuego!", en vez de sentirse agradecido por ese grito de advertencia comete el error de acusar a quien lo despertó de haber provocado el incendio. Espero que la breve conversación esta noche sobre la revolución negra no haga que muchos de ustedes nos acusen de incitarla cuando se aparezca a la puerta de su casa. [. . .]

En los últimos años se ha hablado mucho de un aumento explosivo de la población. En mi opinión, siempre que hablan de un aumento explosivo de la población se refieren, ante todo, a los pueblos de Asia o de África: a los pueblos negros, morenos, rojos y amarillos. Los hombres de Occidente han visto que en cuanto se eleva el nivel de vida en África y en Asia, automáticamente la gente empieza a multiplicarse con abundancia. Y esto ha engendrado mucho miedo en la mente de los occidentales, que resultan ser una ínfima minoría en este mundo.

De hecho, en casi todo lo que piensan y planean los blancos de Occidente en la actualidad, es fácil ver el miedo que tienen en su mente consciente y en su mente subconsciente de que las masas de piel oscura del Oriente, que ya los superan en número, sigan aumentando y multiplicándose y creciendo hasta arrollar un día a los hombres del Occidente como un mar humano, como una marea humana, como la crecida de una corriente humana. Y ese temor puede verse en la mente, en los actos de casi todos los hombres de Occidente, prácticamente en todo lo que hacen. Rige sus ideas políticas y rige sus ideas económicas y rige la mayor parte de sus actitudes con respecto a la sociedad actual. [. . .]

Cualquier estallido racial que tenga lugar en este país actualmente, en 1964, no será un estallido racial que pueda limitarse a las costas de Estados Unidos. Es un estallido que puede hacer estallar el polvorín racial que existe en todo este planeta que llamamos la Tierra. Creo que nadie puede negar que las masas de piel oscura de África, Asia y América Latina ya hierven con amargura, resentimiento, hostilidad, agitación e impaciencia por la intolerancia racial que han vivido a manos del Occidente blanco.

Y así como entre ellos hay sentimientos de hostilidad hacia el Occidente en general, aquí en este país también tenemos a 22 millones de afroamericanos, de hombres negros, morenos, rojos y amarillos que hierven con amargura, impaciencia, hostilidad y animosidad por la intolerancia racial, no sólo del blanco de Occidente, sino en particular de Estados Unidos.

Y hoy vemos entre nuestra gente que cientos de miles han perdido la paciencia y se han apartado del nacionalismo blanco que ustedes llaman democracia, volviéndose hacia la política militante e intransigente del nacionalismo negro. Quiero señalar que en cuanto anunciamos que íbamos a fundar un partido nacionalista negro en este país recibimos cartas, de una costa a la otra, especialmente de jóvenes de nivel universitario, que expresaban su simpatía y su apoyo total, así como el deseo de participar activamente en cualquier tipo de acción política basada en el nacionalismo negro, con el fin de corregir o eliminar de inmediato los males que nuestro pueblo ha venido sufriendo en este país durante 400 años.

Es posible que muchos de ustedes consideren que los nacionalistas negros representan sólo una minoría de la comunidad. Y tal vez por eso tengan la tendencia de clasificarlos como insignificantes. Pero es como la mecha, que es la parte más pequeña de un barril de pólvora; sin embargo esa pequeña mecha es la que hace estallar todo el barril. Ustedes a lo mejor consideran a los nacionalistas negros como una pequeña minoría en la llamada comunidad negra; pero resulta que ellos son precisamente los que tienen el ingrediente necesario para hacer estallar a toda la comunidad negra.

Y eso es algo que los blancos —lo mismo si se consideran liberales que si se consideran conservadores, racistas o cualquier otra cosa que se llamen—, algo que ustedes tienen que comprender en relación a la comunidad negra. Aunque la gran mayoría de los negros con los que tratan todos los días parecen ser moderados, pacientes, afectuosos, sufridos y todo eso, resulta que la minoría, que ustedes califican como musulmanes o nacionalistas, están hechos con los ingredientes que fácilmente pueden hacer estallar a la comunidad negra. Esto debe entenderse. Porque yo pienso que un barril de dinamita no es nada sin una mecha. [. . .]

También debe entenderse que las chispas raciales que actualmente se encienden aquí en Estados Unidos podrían convertirse fácilmente en un incendio que ardería más allá de este país, lo cual quiere decir que podría envolver a toda la gente del mundo en una gigantesca guerra racial. No puede limitarse a una pequeña barriada ni a una pequeña comunidad ni a un pequeño país. Lo que le pasa actualmente al negro de Estados Unidos le pasa también al negro de África. Lo que le pasa al negro de Estados Unidos y de

África le pasa al negro de Asia y al hombre de América Latina. Lo que le pasa actualmente a uno de nosotros nos está pasando a todos. Y cuando se comprenda eso, creo que los blancos —que son inteligentes, aunque no sean morales ni sean justos ni se dejen impresionar por principios legales—, los que son inteligentes se darán cuenta de que cuando pisan a uno están pisando a todos, y ese mismo hecho será como un freno. [. . .]

En 1964 la rebelión negra va a desarrollarse e integrarse a la revolución negra mundial que se ha estado desarrollando desde 1945. La llamada rebelión se va a convertir en una verdadera revolución negra. Ahora la revolución negra se ha estado desarrollando en África y Asia y América Latina; cuando digo "revolución negra" me refiero a todos los que no son blancos: los negros, los morenos, los rojos o los amarillos. Nuestros hermanos y hermanas en Asia, que fueron colonizados por los europeos, nuestros hermanos y hermanas en África, que fueron colonizados por los europeos, y los campesinos en América Latina, que fueron colonizados por los europeos, han estado enfrascados en una lucha desde 1945 para expulsar a los colonialistas, o a las potencias coloniales, a los europeos, de sus tierras, de sus países. [. . .]

No hay sistema más corrupto que el que se presenta como ejemplo de libertad, como ejemplo de democracia, y que al mismo tiempo es capaz de recorrer el mundo entero diciéndoles a otros pueblos cómo arreglar sus asuntos, mientras que hay ciudadanos en este país que tienen que usar balas para poder ejercer su derecho al voto.

El arma más poderosa que las potencias coloniales han usado en el pasado contra nuestro pueblo ha sido siempre la táctica de "divide y vencerás". Estados Unidos es una potencia colonial. Ha colonizado a 22 millones de afroamericanos, privándonos de la condición de ciudadanos de primera clase, privándonos de derechos civiles, en realidad privándonos de derechos humanos. No sólo nos ha privado del derecho a ser ciudadanos: nos ha privado del derecho a ser humanos, del derecho a ser reconocidos y respetados como hombres y mujeres. En este país, un negro puede tener 50 años de edad y todavía es un "muchacho".

Yo crecí entre gente blanca. Yo estaba integrado antes de que inventaran la palabra "integración" y aún no he conocido a un solo blanco que —si los tratas el tiempo suficiente— no te llame "muchacho" o "muchacha", sin importar la edad que tengas ni la escuela de la que te hayas graduado, sin importar el nivel intelectual o profesional que hayas alcanzado. En esta sociedad seguimos siendo "muchachos". [. . .]

No soy norteamericano sino víctima del norteamericanismo

Esta charla en la universidad de Ghana, en el pueblo de Legon, fue auspiciada por el Foro Marxista y se tituló "La crisis de 22 millones de afroamericanos en Estados Unidos". Fue la más concurrida de todas las que dio Malcolm X en África.

Un mes antes, el 13 de abril, Malcolm partió de Estados Unidos en su primer viaje extenso en 1964. Antes de regresar el 21 de mayo, visitó Egipto, Líbano, Arabia Saudita, Nigeria, Ghana, Marruecos y Argelia. Hizo la peregrinación a La Meca, que le permitió añadir las palabras "El Hajj" a su nombre, y en adelante fue conocido en el mundo musulmán como El Hajj Malik El Shabazz. Además de consolidar sus relaciones con el islam ortodoxo, se reunió con estudiantes, periodistas, parlamentarios, embajadores y dirigentes de diferentes gobiernos.

La gira en Ghana fue organizada por el Comité Malcolm X, integrado por afroamericanos que residían en ese país y que, a raíz de su visita, organizaron una rama de la Organización de la Unidad Afro-Americana. Durante la semana que estuvo en Ghana, Malcolm se reunió con el presidente Kwame Nkrumah y con embajadores de por lo menos 15 países de África, Asia y América Latina. También habló ante el parlamento y en el Instituto Ideológico Kwame Nkrumah, ofreció una conferencia de prensa y fue honrado con banquetes por los embajadores de Cuba y China.

Mi intención es dar una charla muy informal, ya que nuestra posición en Estados Unidos es una posición informal, [*Risas*] y me resulta muy difícil usar términos formales para describir una posición tan informal. Ningún pueblo del mundo sufre una condición más lamentable que la condición o la opresión de los 22 millones de negros en Estados Unidos. Y nuestra condición es tanto más lamentable porque vivimos en un país que alega ser una democracia y que alega esforzarse por brindar libertad e igualdad a todos los que nacen bajo la protección de su constitución. Si hubiéramos nacido en Sudáfrica o en Angola o en otra parte del mundo donde nadie finge apoyar la libertad, la situación sería diferente; pero cuando has nacido en un país que se presenta como líder del mundo libre y todavía tienes que suplicar de rodillas para que te sirvan una taza de café, la situación es verdaderamente lamentable.

Por eso, esta noche, a fin de que ustedes me entiendan y entiendan por qué hablo de esta manera, debo aclararles desde el principio que yo no soy un político. No sé nada de política. Vengo de Estados Unidos de Norteamérica pero no soy norteamericano. No llegué a ese país por mi propia voluntad. [*Aplausos*] Si yo fuera norteamericano no habría ningún problema, no habría necesidad de leyes ni de derechos civiles ni de nada más. Simplemente trato de encarar los hechos tal y como son. Vengo a esta reunión como una de las víctimas de Norteamérica, una de las víctimas del norteamericanismo, una de las víctimas de la democracia, una de las víctimas de un sistema muy hipócrita que hoy se pasea por todo el mundo presumiendo que tiene el derecho de decirles a otros pueblos cómo deben gobernar sus países, cuando ni siquiera es capaz de corregir las cochinadas que ocurren en su propio país. [*Aplausos*]

Así que si otra persona viene de Estados Unidos a hablar con ustedes, probablemente hablará como norteamericano y como alguien que ve a Estados Unidos con los ojos de un norteamericano. Y generalmente esas personas se refieren a Estados Unidos, a lo que existe en Estados Unidos, como el sueño norteamericano. Pero para los 20 millones que somos descendientes de africanos no es un sueño norteamericano, sino una pesadilla norteamericana. [*Risas*]

En Ghana o en cualquier otra parte de África yo no me siento como visitante. Siento que estoy en casa. He estado ausente por 400 años, [*Risas*] pero no por mi propia voluntad. Nuestra gente no fue a Estados Unidos en el buque *Queen Mary,* no volamos en la Pan American, y tampoco llegamos en el barco *Mayflower.* Llegamos en barcos de esclavos, llegamos en cadenas. No llegamos a Estados Unidos como inmigrantes, llegamos como carga traída por un sistema empeñado en producir ganancias. Ésta es la categoría o nivel al que me refiero. Quizás no use el mismo lenguaje que muchos de ustedes emplearían, pero pienso que ustedes han de entender el significado de mis palabras.

Cuando estuve en Ibadán [Nigeria], en la Universidad de Ibadán el viernes pasado, los estudiantes me dieron un nuevo nombre, que me queda, es decir que me gusta. [*Risas*] "Omowale", que dicen que en yoruba —si lo estoy pronunciando correctamente, y si no lo estoy pronunciando correctamente es porque en 400 años no he tenido la oportunidad de hacerlo [*Risas*]—, que en ese dialecto significa "El hijo ha regresado". Fue un honor el que ellos hablaran de mí como el hijo que tuvo la sensatez de regresar a la tierra de sus antepasados: a su patria, a su madre patria. No porque me haya enviado el Departamento de Estado, [*Risas*] sino porque vine de mi propia voluntad. [*Aplausos*]

Estoy feliz y me imagino, como su política es que cada vez que un hombre negro sale de Estados Unidos y viaja a cualquier parte de África, Asia o América Latina y contradice lo que difunde el sistema de propaganda norteamericano, generalmente al regresar a casa se entera de que su pasaporte ha sido anulado. Bueno, si no querían que dijera lo que estoy diciendo, jamás me deberían de haber dado un pasaporte. La política [del gobierno] por lo general consiste en la anulación del pasaporte. No vengo a condenar a Estados Unidos, no vengo a presentar una mala imagen de Estados Unidos, sino que vengo a decirles la verdad respecto a la situación que enfrenta el pueblo negro en Estados Unidos. Y si la verdad condena a Estados Unidos, entonces que así sea. [*Aplausos*]

Éste es el continente más hermoso que jamás he visto, y es el continente más rico que he visto, y por extraño que parezca, encuentro aquí a muchos norteamericanos blancos que les sonríen a nuestros hermanos africanos como si los hubieran querido toda la vida. [*Risas y aplausos*] La verdad es que los mismos blancos que en Estados Unidos nos escupen en la cara, los mismos blancos que en Estados Unidos nos golpean brutalmente, los mismos blancos que en Estados Unidos nos atacan con perros sólo por que deseamos ser seres humanos libres, los mismos blancos que atacan a nuestras mujeres y a nuestros niños con cañones de agua porque deseamos integrarnos con ellos, son los que aquí en África siempre les sonríen porque quieren integrarse con *ustedes*. [*Risas*]

Ayer tuve que escribir una carta para decirles a algunos amigos que si los negros norteamericanos quieren integrarse, deberían de venir a África, porque parece que aquí hay más blancos —es decir, blancos norteamericanos— que están a favor de la integración que en todo Estados Unidos. [*Risas*] Pero en realidad lo que ellos desean es integrarse con las riquezas que saben que aquí existen: los recursos naturales que aún no han sido explotados y cuya riqueza supera hoy la riqueza de cualquier otro continente del planeta.

El domingo, cuando volaba de Lagos [Nigeria] a Accra [Ghana], venía sentado al lado de un hombre blanco que representaba algunos de los intereses que —ya saben— están interesados en África. Y él manifestó —al menos ésa era su impresión— que nuestros pueblos en África no saben medir la riqueza, que veneran la riqueza en términos de oro y plata, no en términos de los recursos naturales que existen en el subsuelo. Y en la medida en que los norteamericanos u otros imperialistas o colonizadores del siglo XX puedan seguir haciendo que los africanos midan la riqueza en términos de oro y plata, los africanos nunca se darán cuenta del valor de la riqueza que existe en el subsuelo y continuarán pensando que son *ellos* los que necesitan a las potencias de Occidente en vez de pensar que son las potencias de Occidente las que necesitan al pueblo y al continente conocido como África.

Espero no estropearle la política a nadie, o los planes o las intrigas o las conspiraciones a nadie, pero pienso que esto puede ser comprobado y confirmado.

Ghana es una de las naciones más progresistas del continente africano, principalmente porque tiene uno de los dirigentes más progresistas y uno de los presidentes más progresistas. [*Aplausos*] El presidente de esta nación ha hecho algo que ningún norteamericano, ningún norteamericano blanco, desea que se haga realidad. Bueno, debería decir "ningún norteamericano" porque todos los norteamericanos que están allá son norteamericanos blancos.

El presidente Nkrumah está haciendo algo que al gobierno de Estados Unidos no le gusta: está restaurando la imagen africana.

Él ha logrado que los africanos se sientan orgullosos de la imagen africana; y cada vez que los africanos se enorgullecen de la imagen africana y esta imagen positiva se proyecta en el exterior, el hombre negro en Estados Unidos, que hasta ahora no ha tenido más que una imagen negativa de África, automáticamente cambia. La imagen que el hombre negro en Estados Unidos tiene de sus hermanos africanos cambia de negativa a positiva, y la imagen que el hombre negro en Estados Unidos tiene de sí mismo cambiará también de negativa a positiva.

Y los racistas norteamericanos saben que ellos pueden dominar a los africanos en Estados Unidos, a los afroamericanos en Estados Unidos, sólo en la medida en que nosotros tengamos una imagen negativa de África. Y ellos saben también que el día que la imagen de África cambie de negativa a positiva, automáticamente la actitud de 22 millones de africanos en Estados Unidos también va a cambiar de negativa a positiva.

Y uno de los esfuerzos más importantes para cambiar la imagen de los africanos está realizándose precisamente aquí, en Ghana. Y el carácter del pueblo de Ghana puede notarse entre cualquier grupo de africanos en cualquier lugar del mundo, porque no se observa en su comportamiento nada que refleje sentimientos de inferioridad ni nada parecido. Y mientras ustedes tengan un presidente que les enseñe que pueden hacer lo mismo que cualquier otro ser humano bajo el sol, cuentan con un buen hombre. [*Aplausos*]

No sólo eso, los que vivimos en Estados Unidos hemos aprendido a juzgar a los hombres negros: la vara de medir que usamos para juzgarlos es la actitud de Estados Unidos. Cuando vemos a un hombre negro que constantemente está siendo elogiado por los norteamericanos, empezamos a sospechar de él. Cuando vemos a un hombre negro que recibe honores y toda clase de condecoraciones y Estados Unidos lo halaga con frases y palabras bonitas, inmediatamente empezamos a sospechar de esa persona. Porque nuestra experiencia nos ha enseñado que los norteamericanos no exaltan a ningún hombre negro que realmente esté trabajando en beneficio del hombre negro, porque ellos saben que cuando trabajas con dedicación para lograr cosas que son buenas para la gente del continente africano, todos los beneficios que logras para la gente del continente africano tienen que perjudicar a alguien, porque hasta ahora ese alguien se ha beneficiado con la labor y la riqueza de los pueblos de este continente. Por eso, para juzgar a distintos líderes averiguamos la opinión que tienen de ellos los norteamericanos. Y a los líderes que aquí reciben elogios y palmaditas en el hombro de parte de los norteamericanos, puedes halar la cadena y dejar que se los lleve el agua. [*Risas*]

No les agrada el presidente de este país. No pienses que se trata sólo de la prensa norteamericana, se trata del gobierno. En Estados Unidos cuando ves que la prensa siempre habla mal de algún líder africano, generalmente es porque está reflejando la opinión del gobierno. Pero Estados Unidos tiene un gobierno muy astuto. Si sabe que su opinión gubernamental va a provocar una reacción negativa de parte del pueblo al que quiere seguir explotando, entonces dice que tiene una prensa libre mientras azuza a esa prensa libre para que ataque a un verdadero líder africano, y luego finge quedarse al margen alegando que la prensa no refleja la política gubernamental. Pero todo lo que sucede en Estados Unidos es política gubernamental. [*Risas*]

No sólo no les agrada el presidente de este país, tampoco les agrada el presidente de Argelia, Ben Bella, porque es revolucionario, porque quiere la libertad para todo el mundo. [El presidente egipcio Gamal Abdel] Nasser no les agrada porque apoya la libertad para todo el mundo. A todos ellos los califican de dictadores. Tan pronto como éstos logran el apoyo de las masas de sus pueblos, son dictadores. Tan pronto como logran la unidad del pueblo en sus países, son dictadores. Si no existen divisiones, peleas o disputas, el líder de dicho país, si es africano, es un dictador. Pero mientras se trate de Estados Unidos, será simplemente un presidente norteamericano que cuenta con el apoyo del pueblo. [*Risas y aplausos*]

Ya vamos a hablar de Estados Unidos, pero antes quiero comentar sobre un aspecto de nuestras relaciones que he notado desde que llegué. He oído que hay un desacuerdo entre algunos hermanos y hermanas en este país: si es o no es aconsejable que el gobierno juegue un papel tan importante en la dirección de la educación del pueblo —programas de estudio y otras cosas— y en las diversas universidades.

Sí, siempre que existe un pueblo que ha sido colonizado tanto tiempo, como el nuestro, y le dicen que ahora puede votar, se va a pasar toda la noche discutiendo y nunca va a lograr nada. Hace falta controlar todo hasta que la mentalidad colonial sea totalmente destrozada, y cuando esa mentalidad colonial haya sido destrozada, por lo menos hasta que todos entiendan por qué están votando, entonces se le puede dar al pueblo la oportunidad de votar por esto y por aquello. Pero en Estados Unidos tenemos este problema, como en otras partes donde el colonialismo ha existido, de que la única manera de poder ejercer o aplicar métodos democráticos es a través del consejo y la consulta.

Mi propia opinión, con honestidad y modestia, es que cada vez que desees superar la mentalidad colonial, hay que dejar que el gobierno establezca el sistema educativo y te eduque de la manera y siguiendo el camino que desea que tomes; y luego, cuando tu nivel de comprensión alcance el nivel debido, ya podrás argumentar o filosofear o algo por el estilo. [*Risas y aplausos*]

Es probable que en el continente africano no haya un líder mejor preparado que el presidente Nkrumah, porque él vivió en Estados Unidos y sabe lo que allí sucede. Después de vivir en ese país tanto tiempo, no puede sentirse decepcionado o confuso o engañado. Si se te llega a ocurrir que Estados Unidos es la tierra de los libres, pues ve allí y quítate la ropa tradicional y hazte pasar por un negro norteamericano, y te darás cuenta que no estás en la tierra de los libres. [*Aplausos*] Estados Unidos es una potencia colonial. Es una potencia colonial en l964 en la misma medida en que Francia, Gran Bretaña, Portugal y todos esos otros países europeos lo fueron en l864. Es una potencia colonial del siglo XX; es una potencia colonial moderna, y ha colonizado a 22 millones de afroamericanos. Mientras que en estos momentos existen sólo 11 millones de africanos colonizados en Sudáfrica, 4 ó 5 millones colonizados en Angola; en estos mismos momentos, el 13 de mayo de l964, en Estados Unidos existen 22 millones de africanos colonizados. ¿Qué diferencia hay entre la ciudadanía de segunda clase y el colonialismo del siglo XX? Ellos no quieren que sepas que la esclavitud todavía existe, por eso en vez de llamarla esclavitud, la llaman ciudadanía de segunda clase.

O eres ciudadano o no eres ciudadano. Si eres ciudadano eres libre; si no eres ciudadano eres esclavo. Y el gobierno norteamericano tiene miedo de admitir que nunca le dio la libertad al hombre negro en Estados Unidos, y ni siquiera reconoce que el hombre negro en Estados Unidos no es libre, no es ciudadano, y carece de sus derechos. Lo esconde hábilmente con esas bonitas palabras de ciudadanía de segunda clase. Es colonialismo, neocolonialismo, imperialismo. . . [*Inaudible*] [*Risas*]

Uno de nuestros hermanos llegó aquí recientemente desde Nueva York. Me relató que cuando salió de Nueva York, la policía estaba patrullando Harlem en grupos de seis. ¿Por qué? Porque Harlem está a punto de estallar. ¿De qué hablo cuando digo Harlem? Harlem es la ciudad más famosa del mundo; no existe ninguna ciudad en el continente africano que tenga tantos africanos como Harlem. En Harlem la llaman la pequeña África, y cuando caminas por Harlem te sientes en Ibadán, todo el mundo se ve igual que tú. Y hoy la policía se movilizó con sus cachiporras. No llevan perros policías a Harlem porque el tipo de gente que vive en Harlem no permite que los perros policías entren a Harlem. [*Risas*] Ésa es la realidad, no permiten que los perros policías entren a Harlem. . . . [*Inaudible*]

Las autoridades se preocupan por la existencia de pequeñas pandillas que han estado matando gente, matando a gente blanca. Bueno, ellos proyectan al exterior la imagen de que se trata de una pandilla en contra de los blancos. No, no se trata de una pandilla en contra de los blancos. No es una pandilla en contra de los blancos, es una pandilla en contra de la *opresión*. Es una pandilla en contra de la *frustración*. No saben qué otra cosa hacer. Han estado esperando que el gobierno haga algo para resolver sus problemas; han estado esperando que el presidente resuelva sus problemas; han estado esperando que el Senado y el Congreso y la Corte Suprema resuelvan sus problemas; han estado esperando que los líderes negros resuelvan sus problemas; y lo único que oyen es un montón de palabras bonitas. Y se frustran y no saben qué más hacer. Y entonces hacen lo único que saben hacer, hacen lo mismo que hicieron los norteamericanos cuando se sintieron frustrados con los británicos en 1776: libertad o muerte.

Eso es lo que hicieron los norteamericanos, ellos no le ofrecieron a los ingleses la otra mejilla. No, entre ellos había un viejo llamado Patrick Henry que dijo, "¡Libertad o muerte!" Yo nunca oí que lo calificaran como partidario de la violencia; dicen que es uno de los Padres de la Patria, porque tuvo la sensatez de decir "¡Libertad o muerte!"

Y la creciente tendencia entre los norteamericanos negros de hoy, que se dan cuenta de que no son libres. . . están llegando al punto en que están dispuestos a decirle al amo, por más grande que sea la desventaja, y por alto que sea el precio a pagar: ¡libertad o muerte! Si ésta es la tierra de los libres, entonces queremos libertad. Si ésta es la tierra de la justicia, entonces queremos un poco de justicia. Y si ésta es la tierra de la igualdad, queremos un poco de igualdad. Ésta es cada vez más la actitud entre los negros norteamericanos, entre los afroamericanos, de los que habemos 22 millones.

¿Tengo razón de hablar así? Veamos. Hace dos meses estaba en Cleveland, Ohio, cuando un sacerdote blanco murió aplastado por un buldozer.[13] Yo estaba en Cleveland, yo estaba allí. Ya te imaginas que si un hombre blanco con la vestimenta, el hábito, el uniforme —o como quieras llamarlo— propio de un sacerdote. . . [*inaudible*], si lo atropellan con un buldozer, ¿qué no serán capaces de hacerle a un hombre negro? Si atropellan a alguien que se les parece y que se manifiesta a favor de la libertad, ¿qué va a poder hacer un hombre negro? Esto no fue en Misisipí, esto fue en Cleveland, en el norte. Éste es el tipo de experiencia que el hombre negro en Estados Unidos enfrenta todos los días. . . . [*Inaudible*]

Este sistema no puede producir libertad para el negro

En mayo de 1964 los diarios de Nueva York empezaron a publicar artículos sensacionalistas acerca de la supuesta existencia de una pandilla que dieron por llamar "Los Hermanos de Sangre" (Blood Brothers). Según los noticieros la pandilla había sido formada por un grupo de "disidentes entre los Musulmanes Negros" cuyo objetivo era matar a gente blanca. En respuesta a la campaña de provocaciones por parte de los diarios contra los jóvenes luchadores antirracistas de la ciudad, el Militant Labor Forum auspició un foro en Nueva York titulado "¿Qué hay detrás de la histeria sobre la pandilla del odio?"

De los oradores que habían aceptado invitaciones, Junius Griffin, el reportero del *New York Times* que había escrito una serie de artículos aseverando que dicha "pandilla del odio" existía en Harlem, decidió a último momento no asistir, alegando motivos de ética profesional; y el secretario de Malcolm X, James Shabazz, cedió su lugar a Malcolm, quien acababa de regresar de África y del Medio Oriente. Malcolm había oído rumores acerca de la pandilla cuando se encontraba en Nigeria.

Los otros oradores fueron Clifton DeBerry, candidato presidencial del Partido Socialista de los Trabajadores y el primer candidato negro a la presidencia de Estados Unidos; Quentin Hand, subdirector ejecutivo del Grupo de Acción de Harlem; y William Reed, representante del Congreso por la Igualdad Racial (CORE) en Nueva York.

Aquí presentamos extractos del discurso de Malcolm X.

[. . .] Creo que uno de los errores que hace nuestro pueblo. . . a veces se disculpan de algo que pudiera existir que la estructura del poder considera criticable o difícil de aceptar. Y sin darse cuenta siquiera, a veces tratamos de demostrar que algo no existe. Y si no existe, a veces debería de existir. Yo pienso que cualquier cosa que necesite el hombre negro en este país para obtener su libertad ahora, esa cosa debería existir.

A mi modo de ver, cualquiera que enfrente los mismos problemas que yo es mi hermano de sangre. Y tengo muchos, porque todos hemos enfrentado los mismos problemas. Así que si no existe [esta pandilla] la pregunta es: ¿debería de existir? No si existe, sino si debería de existir. ¿No tiene derecho a existir? ¿Y desde cuándo un hombre debe negar la existencia de sus hermanos de sangre? Es como rechazar a su propia familia. [. . .]

Si vamos a hablar de la brutalidad de la policía, es porque la brutalidad de la policía existe. ¿Por qué existe? Porque los nuestros, en esta sociedad específica, viven en un estado policiaco. Un negro, en Estados Unidos, vive en un estado policiaco. No vive en una democracia; vive en un estado policiaco. Eso es lo que es, eso es Harlem. [. . .]

Visité el alcazaba de Casablanca y visité el de Argel con unos hermanos, unos hermanos de sangre. Me llevaron allí y me mostraron el sufrimiento, me mostraron las condiciones en que tuvieron que vivir durante la ocupación por los franceses. [. . .] Me mostraron las condiciones en que tuvieron que vivir mientras estuvieron colonizados por esa gente de Europa. Y también me mostraron lo que tuvieron que hacer para quitarse de encima a esa gente. Lo primero que tuvieron que comprender fue que todos eran hermanos; la opresión los hacía hermanos; la explotación los hacía hermanos; la degradación los hacía hermanos; la discriminación los hacía hermanos; la segregación los hacía hermanos; la humillación los hacía hermanos.

Y una vez que comprendieron que eran hermanos de sangre también comprendieron lo que tenían que hacer para quitarse de encima a aquel hombre. Vivían en un estado policiaco; Argelia era un estado policiaco. Todo territorio ocupado es un estado policiaco; y eso es Harlem. Harlem es un estado policiaco. La policía, su presencia en Harlem, es como una fuerza de ocupación, como un ejército de ocupación. No está en Harlem para protegernos; no está en Harlem para velar por nuestro bienestar; está en Harlem para proteger los intereses de los hombres de negocios que ni siquiera viven allí.

Las mismas condiciones que prevalecían en Argelia y que obligaron a ese pueblo, al noble pueblo de Argelia, a recurrir a las tácticas de tipo terrorista que fueron necesarias para sacudirse el yugo, esas mismas condiciones prevalecen actualmente en Estados Unidos en todas las comunidades negras.

Y yo no sería hombre si me parara aquí a decirles que los afroamericanos, los negros que viven en estas comunidades y en estas condiciones, están dispuestos a permanecer sentaditos y no violentos, esperando paciente y pacíficamente que la buena voluntad venga a cambiar las condiciones existentes. ¡No! [. . .]

No vine a dar disculpas por la existencia de los supuestos hermanos de sangre. No vine para menospreciar los factores que indican su posible existencia. Estoy aquí para decir que si no existen es un milagro. [. . .]

Si aquellos de ustedes que son blancos apoyan sinceramente los intereses del pueblo negro en este país, les planteo que deben comprender que los días de la resistencia no violenta se acabaron; los días de la resistencia pasiva se acabaron. [. . .]

Otra cosa que verán próximamente aquí en Estados Unidos —y por favor no me echen la culpa cuando lo vean—, son las mismas cosas que han ocurrido entre otros pueblos de este planeta, donde las condiciones eran paralelas a las que existen para los 22 millones de afroamericanos en este país.

El pueblo de China se cansó de sus opresores y ese pueblo se alzó contra sus opresores. No se alzaron sin violencia. Era fácil decir que estaban en desventaja, pero empezaron siendo 11 y hoy en día esos 11 controlan a 800 millones. En aquel momento les habrían dicho que estaban en desventaja. Pues el opresor siempre le dice al oprimido: "Estás en desventaja".

Cuando Castro estaba en las montañas de Cuba le decían que

estaba en desventaja. Hoy está en La Habana y todo el poderío que tiene este país no lo puede derrocar.

Lo mismo le dijeron a los argelinos: "¿Con qué van a pelear?" Ahora tienen que hacerle reverencias a Ben Bella. Salió de la cárcel donde lo encerraron y ahora tienen que negociar con él, porque él sabía que lo que tenía de su parte era la verdad y el tiempo. Hoy el tiempo está de parte de los oprimidos; está en contra del opresor. Hoy la verdad está de parte de los oprimidos, está en contra del opresor. No necesitan nada más.

Para concluir me gustaría decir lo siguiente. Van a ver un terrorismo que los va a aterrar; y si creen que no lo van a ver, están cerrando los ojos ante la tendencia histórica de todo lo que está ocurriendo hoy en el mundo. Y van a ver otras cosas.

¿Por qué las van a ver? Porque el pueblo va a darse cuenta de que es imposible que una gallina produzca un huevo de pato, aunque ambos pertenecen a la misma familia de aves. Una gallina sencillamente no tiene un sistema capaz de producir un huevo de pato. No lo puede hacer. Solamente puede producir según lo que su sistema específico fue construido para producir. El sistema en este país no puede producir la libertad para el afroamericano. Es imposible para este sistema, este sistema económico, este sistema político, este sistema social, este sistema punto. Es imposible que este sistema, tal y como es, le dé la libertad ahora mismo al hombre negro en este país.

Y si alguna vez una gallina produjera un huevo de pato, ¡estoy seguro que dirías que realmente se trata de una gallina revolucionaria!

(*Fragmento del periodo de discusión*)

[. . .] Todos los países que actualmente van librándose de las cadenas del colonialismo se están volviendo hacia el socialismo. No creo que sea casualidad. La mayor parte de los países que eran potencias coloniales eran países capitalistas, y el último baluarte del capitalismo hoy en día es Estados Unidos. Es imposible que una persona blanca crea en el capitalismo y no crea en el racismo. No puede haber capitalismo sin racismo. Y si encuentras a una persona blanca y te pones a conversar, y ese individuo expresa una filosofía que demuestra no dar cabida al racismo, por lo general esa persona es socialista o su filosofía política es el socialismo.

SALÓN AUDUBON, HARLEM, NUEVA YORK

Fundación de la Organización de la Unidad Afro-Americana

Tres meses después de fundar la Mezquita Musulmana, Inc., Malcolm X organizó la primera reunión pública de la Organización de la Unidad Afro-Americana (Organization of Afro-American Unity—OAAU). Durante su gira por África había llegado a la conclusión de que era necesario crear una organización que no fuera de carácter religioso. En mayo un grupo de negros norteamericanos que residían en Ghana habían formado la primera rama de la OAAU en ese país.

El mitin público de fundación, al que asistieron mil personas, se realizó en el salón Audubon en la comunidad negra de Harlem, en Nueva York. Malcolm leyó la Declaración de Fines y Objetivos Fundamentales de la OAAU, que había sido redactada por un comité de la nueva organización. El texto íntegro de este documento aparece en el libro en inglés *The Last Year of Malcolm X: The Evolution of a Revolutionary* (El último año de Malcolm X: la evolución de un revolucionario) por George Breitman, publicado por la editorial Pathfinder.

Después de hacer una colecta de fondos, Malcolm explicó la estructura de la OAAU y cómo unirse, y se aceptaron solicitudes de ingreso.

Salaam alaikum [que la paz esté con ustedes]. Señor moderador, distinguidos invitados nuestros, hermanos y hermanas, amigos y enemigos, todos los presentes:

Como muchos de ustedes saben, en marzo —tras el anuncio de

que yo ya no estaba en el movimiento de los Musulmanes Negros—se señaló que mi intención era trabajar entre los 22 millones de afroamericanos no musulmanes y tratar de formar algún tipo de organización, o crear una situación, en la que los jóvenes —nuestros jóvenes, los estudiantes y otros— pudieran estudiar durante un tiempo los problemas de nuestro pueblo y proponer un análisis nuevo, darnos algunas ideas y sugerencias nuevas en cuanto a cómo abordar un problema con el que demasiadas otras personas han jugado durante mucho tiempo. Y celebraríamos entonces algún tipo de reunión para determinar, en una fecha posterior, si formar un partido nacionalista negro o un ejército nacionalista negro.

Mucha de nuestra gente en todo el país, de todas las clases sociales, se ha esforzado por tratar de juntar sus ideas y presentar una solución al problema que enfrenta nuestro pueblo. Y esta noche estamos aquí para tratar de comprender lo que ellos han presentado.

Además, recientemente, cuando tuve la fortuna de ir en peregrinación a la santa ciudad de La Meca, donde me encontré con gente de todo el mundo y pude pasar muchas semanas en África tratando de ampliar mi propia visión y de abrir más mi mente para observar el problema tal y como realmente es, una de las cosas que comprobé —de lo que ya me había dado cuenta— fue que nuestros hermanos africanos han conquistado su independencia mucho más rápidamente que tú y yo que estamos aquí en Estados Unidos. También han conquistado el reconocimiento y el respeto como seres humanos mucho más rápidamente que tú y yo.

Tan sólo 10 años atrás nuestro pueblo en el continente africano estaba colonizado. Sufría todas las formas de colonización, opresión, explotación, humillación, degradación, discriminación y todas las otras formas de "-ción" que existen. Y en poco tiempo han conquistado más independencia, más reconocimiento, más respeto como seres humanos que tú y yo. Y tú y yo vivimos en un país que se supone que es el baluarte de la educación, la libertad, la justicia, la democracia y todas esas otras palabras que suenan tan bonitas.

Por eso queríamos tratar de averiguar lo que estaban haciendo nuestros hermanos africanos para obtener resultados, de manera que tú y yo pudiéramos estudiar lo que habían hecho y tal vez sacar provecho de ese estudio o beneficio de sus experiencias. Y el propósito de mi viaje fue ayudar a averiguar cómo hacerlo.

Una de las primeras cosas que hicieron las naciones africanas independientes fue crear una organización llamada la Organización de la Unidad Africana. Esta organización está integrada por todos los estados africanos independientes que han decidido subordinar todas sus diferencias y combinar sus esfuerzos para eliminar del continente de África el colonialismo y todos los vestigios de opresión y explotación que ha sufrido el pueblo africano. Los que integran la organización de estados africanos tienen diferencias. Probablemente representan todos los sectores, todas las maneras de pensar. Hay algunos líderes a quienes se les considera tíos Tom, y algunos líderes a quienes se les considera muy militantes. Pero incluso los líderes africanos militantes fueron capaces de sentarse a discutir en la misma mesa con líderes africanos a quienes ellos consideraban Toms, o Tshombes,[14] o ese tipo de individuo. Olvidaron sus diferencias con el único propósito de lograr beneficios para el conjunto. Y siempre que encuentras gente que no puede olvidar sus diferencias estás tratando con gente que está más interesada en sus fines y objetivos personales que en las condiciones del conjunto.

Bien, los líderes africanos demostraron su madurez al hacer lo que el hombre blanco norteamericano decía que no podía hacerse. Porque si te acuerdas, cuando se mencionó que los estados africanos se iban a reunir en Addis Abeba toda la prensa occidental comenzó a difundir la propaganda de que no tenían lo suficiente en común como para reunirse y sentarse juntos a discutir. Pues tenían allí a Nkrumah, uno de los líderes africanos más combativos, y tenían a Adoula del Congo. Allí tenían a Nyerere, allí tenían a Nasser, tenían a Sékou Touré, tenían a Obote, tenían a Kenyatta. . .creo que allí estaba Kenyatta, no puedo recordar si Kenia era independiente en ese momento, pero creo que él estaba allí. Todos estaban allí, y a pesar de sus diferencias fueron capaces de sentarse a discutir y crear lo que se conoce como la Organización de la Unidad Africana, que ha constituido una coalición donde todos trabajan con los demás para combatir un enemigo común.

Al ver lo que fueron capaces de hacer, decidimos tratar de hacer lo mismo aquí en Estados Unidos entre los afroamericanos que han sido divididos por nuestros enemigos. Por eso hemos creado una organización conocida como la Organización de la Unidad Afro-Americana que tiene el mismo fin y el mismo objetivo: combatir a quienquiera que se interponga en nuestro camino, lograr la independencia total del pueblo de ascendencia africana aquí en el hemisferio occidental, y en primer lugar aquí en Estados Unidos, y lograr la libertad de este pueblo por todos los medios que sean necesarios.

Ése es nuestro lema. Queremos libertad por todos los medios que sean necesarios. Queremos justicia por todos los medios que sean necesarios. Queremos igualdad por todos los medios que sean necesarios. No creemos que en 1964, viviendo en un país supuestamente basado en la libertad, y supuestamente el líder del mundo libre, no consideramos que tengamos que sentarnos a esperar a que algunos congresistas y senadores segregacionistas y un presidente tejano en Washington decidan algún día que nuestro pueblo merece derechos civiles. No, queremos nuestros derechos ya; o consideramos que de lo contrario nadie debe tenerlos.

Nuestra organización se propone comenzar aquí mismo, en Harlem, donde está la mayor concentración de gente de ascendencia africana que existe en todo el mundo. Hay más africanos en Harlem que en cualquier ciudad del continente africano. Eso somos tú y yo: africanos. Toma a cualquier blanco desprevenido y pregúntale qué es, y verás que no te dice que es norteamericano. Te dice que es irlandés o italiano o alemán, si lo agarras desprevenido y no sabe por qué se lo preguntas. Y aunque haya nacido aquí te dirá que es italiano. Bueno, si él es italiano, tú y yo somos africanos... aunque hayamos nacido aquí.

De manera que comenzamos primero en la ciudad de Nueva York. Comenzamos en Harlem —y por Harlem nos referimos también a Bedford-Stuyvesant, Harlem es cualquier lugar en esta zona donde vivimos tú y yo— con la intención de extendernos a todo el estado, y del estado a todo el país, y del país a todo el hemisferio occidental. Porque cuando decimos afroamericanos, incluimos a toda persona en el hemisferio occidental que sea de ascendencia africana. Sudamérica es América. Centroamérica es América. Sudamérica tiene mucha gente de ascendencia africana. Y cualquier persona en Sudamérica que sea de ascendencia africana es afroamericana. Cualquier persona en el Caribe, ya sea en las Antillas, Cuba o México, que tenga sangre africana es afroamericana. Si están en Canadá y tienen sangre africana son afroamericanos. Si están en Alaska, aunque se llamen esquimales, si tienen sangre africana son afroamericanos.

Por eso el propósito de la Organización de la Unidad Afroamericana es aglutinar en una fuerza única a toda persona en el hemisferio occidental que sea de ascendencia africana. Y entonces, una vez que estemos unidos en el hemisferio occidental, nos uniremos a nuestros hermanos en la madre patria, en el continente africano. Para empezar me gustaría leerles los "Fines y Objetivos Fundamentales de la Organización de la Unidad Afro-Americana", iniciada aquí en Nueva York en junio de 1964.

"La Organización de la Unidad Afro-Americana, organizada y estructurada por una amplia gama representativa del pueblo afroamericano que vive en Estados Unidos de Norteamérica, se ha creado conforme a la letra y al espíritu de la Organización de la Unidad Africana que fue establecida en Addis Abeba, Etiopía, en mayo de 1963.

"Nosotros, los miembros de la Organización de la Unidad Afro-Americana, reunidos en Harlem, Nueva York:

"Convencidos de que es derecho inalienable de todo nuestro pueblo controlar nuestro propio destino;

"Conscientes de que la libertad, la igualdad, la justicia y la dignidad son objetivos centrales para la consecución de las legítimas aspiraciones del pueblo de ascendencia africana aquí en el hemisferio occidental, nos esforzaremos por construir un puente de comprensión y crear las bases para la unidad afroamericana;

"Conscientes de nuestra responsabilidad por encauzar los recursos naturales y humanos de nuestro pueblo para lograr su progreso total en todas las esferas del esfuerzo humano;

"Inspirados por nuestra decisión común de promover el entendimiento entre nuestro pueblo y la cooperación en todas las cuestiones relacionadas a su subsistencia y progreso, respaldaremos las aspiraciones de nuestro pueblo por la hermandad y la solidaridad en una unidad más amplia que trascienda todas las diferencias entre las organizaciones;

"Convencidos de que, para convertir esta voluntad en una fuerza dinámica a favor del progreso humano, deben establecerse y mantenerse condiciones de paz y de seguridad. . . ". Y por "condiciones de paz y seguridad" [queremos decir] que tenemos que eliminar los ladridos de los perros policías, tenemos que eliminar los garrotes de la policía, tenemos que eliminar los cañones de agua, tenemos que eliminar todas estas cosas que se han vuelto tan características del llamado sueño norteamericano. Tienen que eliminarse. Entonces sí podremos vivir en condiciones de paz y seguridad. No podemos tener, ni tendremos jamás, paz y seguridad mientras a un solo negro en este país lo muerda un perro policía. Nadie en este país tiene paz y seguridad.

"Dedicados a la unificación de todo el pueblo de ascendencia africana en este hemisferio y a la utilización de esa unidad para crear la estructura organizativa que habrá de proyectar los aportes del pueblo negro al mundo;

"Persuadidos de que la Carta de las Naciones Unidas, la Declaración Universal de los Derechos Humanos, la Constitución de Estados Unidos y la Carta de Derechos son los principios en los cuales creemos, y que estos documentos, puestos en práctica, representan la esencia de las esperanzas y las buenas intenciones de la humanidad;

"Deseosos de que todo el pueblo afroamericano y todas las organizaciones afroamericanas se unan de aquí en adelante para garantizar el bienestar y la felicidad de nuestro pueblo;

"Estamos decididos a fortalecer el vínculo común del objetivo que comparten nuestros pueblos, haciendo a un lado todas nuestras diferencias y estableciendo un programa no sectario y constructivo a favor de los derechos humanos;

"Presentamos aquí esta carta;

"I — Fundación.

"La Organización de la Unidad Afro-Americana incluirá a toda persona de ascendencia africana en el hemisferio occidental, así como a nuestros hermanos y hermanas en el continente africano". Esto significa que cualquier persona de ascendencia africana, con sangre africana, puede hacerse miembro de la Organización de la Unidad Afro-Americana, y también cualquiera de nuestros hermanos y hermanas del continente africano. Porque no sólo es una organización de unidad afroamericana en el sentido de que estamos tratando de unir a todo nuestro pueblo en Occidente, sino que es una organización de unidad afroamericana en el sentido de que queremos unificar a todo nuestro pueblo en Norteamérica, Sudamérica y Centroamérica con nuestro pueblo en el continente africano. Tenemos que unirnos para avanzar juntos. África no avanzará más rápidamente de lo que nosotros avancemos, y nosotros no avanzaremos más rápidamente de lo que África avance. Tenemos un destino común y tuvimos un pasado común.

En resumen lo que dice es que, en lugar de estar correteando por aquí buscando aliados para nuestra lucha libertaria en el barrio irlandés o en el barrio judío o en el barrio italiano, lo que necesitamos tú y yo es buscar aliados entre la gente que se parece a nosotros. Ya es hora de que tú y yo dejemos de buscar ayuda huyendo del lobo sólo para caer en las garras de la zorra. Eso es contraproducente.

"II — Defensa propia.

"Ya que el instinto de conservación es la primera ley de la naturaleza, reafirmamos el derecho del afroamericano a la defensa propia.

"La Constitución de Estados Unidos de Norteamérica afirma claramente el derecho de todo ciudadano norteamericano a portar armas. Y como norteamericanos, no renunciaremos a un solo derecho que esté garantizado bajo la Constitución. La historia de toda la violencia impune contra nuestro pueblo indica de manera evidente que tenemos que estar preparados para defendernos nosotros mismos, porque de lo contrario seguiremos siendo un pueblo indefenso, a merced de una despiadada y violenta turba racista.

"Afirmamos que en los lugares donde el gobierno sea incapaz de proteger la vida y la propiedad de nuestro pueblo, o sea renuente a hacerlo, nuestro pueblo tiene el derecho de protegerse a sí mismo por todos los medios que sean necesarios". Repito, porque para mí esto es lo más importante que necesitas saber. Yo ya lo sé. "Afirmamos que en los lugares donde el gobierno sea incapaz de proteger la vida y la propiedad de nuestro pueblo, o sea renuente a hacerlo, nuestro pueblo tiene el derecho de protegerse a sí mismo por todos los medios que sean necesarios".

Esto es lo que tienes que divulgar entre nuestro pueblo dondequiera que vayas. No permitas jamás que te laven el cerebro y te hagan pensar que cada vez que nuestro pueblo toma medidas para defenderse está violando la ley. Sólo puede ser un acto ilegal cuando se viola la ley. Y es legal tener algo con qué defenderse. Hoy o ayer, creo que fue hoy, oí hablar al presidente Johnson acerca de la rapidez con que este país declararía la guerra para defenderse. ¡Qué papel de idiota es ése de vivir aquí en un país que se lanzaría a la guerra en un dos por tres para defenderse, pero mientras tanto tú aguantas tranquilamente a los rabiosos perros policías y a los racistas de ojos azules, esperando a que alguien te diga qué hacer para defenderte!

Esos días se terminaron, se acabaron, eso fue ayer. La época en que tú y yo permitíamos pacíficamente que nos agredieran brutalmente está *passé*. Sé no violento exclusivamente con los que son no violentos contigo. Y cuando puedas traerme un racista no violento, cuando puedas traerme un segregacionista no violento, entonces yo seré no violento. Pero no me enseñes a ser no violento hasta que enseñes a ser no violentos a algunos de esos racistas. Jamás has visto un racista no violento. A un racista le es muy duro ser no violento. A cualquier persona inteligente le es difícil ser no violenta. Todo lo que existe en el universo reacciona cuando se comienza a jugar con su vida, excepto el negro norteamericano. Él se tira al suelo y dice: "Pégame, papi".

Por eso dice aquí: "Sólo una persona que se defiende con un

fusil o un palo puede detener a un hombre con un fusil o un palo". Eso sí es igualdad. Si tienes un perro, yo debo tener un perro. Si tienes un fusil, yo debo tener un fusil. Si tienes un palo, yo debo tener un palo. Eso sí es igualdad. Si el gobierno de Estados Unidos no quiere que tú y yo tengamos rifles, entonces que les quite los rifles a esos racistas. Si no quiere que tú y yo usemos palos, que les quite los palos a los racistas. Si no quiere que tú y yo seamos violentos, que les impida a los racistas ser violentos. Que no nos enseñen la no violencia mientras esos racistas sean violentos. Esos días se terminaron.

"La táctica que se basa única y exclusivamente en el moralismo sólo puede tener éxito cuando se está tratando con gente moral o con un sistema moral. Un hombre o un sistema que oprime a un hombre por el color de su piel no es moral. Todos los afroamericanos y toda la comunidad afroamericana en este país tienen el deber de proteger a su pueblo contra asesinos de masas, contra terroristas, contra linchadores, contra flageladores, contra agresores y contra explotadores".

Quisiera señalar que los diferentes grupos negros, en lugar de estar declarándose la guerra mutuamente, demostrando lo militantes que pueden ser rompiéndose la cabeza los unos a los otros, que vayan al Sur y les rompan la cabeza a algunos de esos racistas. Cualquier grupo de personas en este país que tenga un historial de haber sido atacado repetidamente por racistas —y no hay indicación de que [ese grupo] haya tomado nunca la decisión de ir a romperle la cabeza a esos racistas— está loco de remate si da la orden de romperle la cabeza a algunos de sus ex hermanos. O a algunos de sus hermanos X, no sé cómo decirlo.[15]

"III — Educación.

"La educación es un elemento importante en la lucha por los derechos humanos. Es el instrumento para ayudar a nuestros hijos y a nuestro pueblo a redescubrir su identidad y, de este modo, reafirmar su dignidad. La educación es nuestro pasaporte al futuro, porque el futuro pertenece solamente a los que se preparan hoy".

Y aquí debo señalar que cuando estuve en África no conocí a un solo africano que no tuviera los brazos abiertos, listo para darle la bienvenida a cualquier afroamericano que volviera al continente africano. Pero una de las cosas que todos me decían era que cada uno de nosotros en este país debe aprovechar al máximo toda oportunidad de educarse antes de pensar siquiera en hablar del futuro. Si estás rodeado de escuelas, ve a esas escuelas.

"El sistema de enseñanza pública en Estados Unidos estafa de una forma criminal a nuestros hijos. Las escuelas afroamericanas son las escuelas más pobres en la ciudad de Nueva York. Los directores y maestros no comprenden la naturaleza de los problemas que enfrentan y por eso no pueden cumplir con la tarea de enseñar a nuestros hijos". No nos comprenden, ni comprenden nuestros problemas; decididamente no los comprenden. "Los libros de texto no les dicen nada a nuestros hijos sobre las grandes contribuciones que los afroamericanos han aportado al crecimiento y desarrollo de este país".

Y lo cierto es que no lo hacen. Cuando enviamos a nuestros hijos a la escuela en este país no aprenden nada acerca de nosotros, sólo aprenden que antes recogíamos algodón. Todos los niños que van a la escuela piensan que sus abuelos recogían algodón. ¡Si tu abuelo fue Nat Turner; tu abuelo fue Toussaint L'Ouverture; tu abuelo fue Aníbal![16] Tu abuelo fue uno de los más grandes negros que pisaron esta tierra. Fueron las manos de tu abuelo las que forjaron la civilización y fueron las manos de tu abuela las que mecieron la cuna de la civilización. Pero los libros de texto no les explican a nuestros hijos los grandes aportes que han hecho los afroamericanos al crecimiento y desarrollo de este país.

"El plan de integración [racial de las escuelas] propuesto por la Junta de Educación es costoso e impracticable; y la organización de directores y supervisores en el sistema de enseñanza de la ciudad de Nueva York se ha negado a respaldar el plan de la junta para integrar las escuelas, condenándolo así al fracaso antes de que comience.

"La Junta de Educación en esta ciudad ha dicho que incluso con su plan, hay un 10 por ciento de las escuelas en Harlem y en la comunidad de Bedford-Stuyvesant en Brooklyn que ellos no pueden mejorar". ¿Entonces qué vamos a hacer? "Esto significa que la

Organización de la Unidad Afro-Americana debe convertir a la comunidad afroamericana en una fuerza más potente para mejorar su propia educación.

"Un primer paso en el programa para acabar con el actual sistema de educación racista es exigir que el 10 por ciento de las escuelas que la Junta de Educación no va a incluir en su plan sean entregadas a la comunidad afroamericana para que ésta las maneje". Si ellos dicen que no pueden mejorar esas escuelas ¿por qué vamos a permitir nosotros —los que vivimos en la comunidad— que esos necios sigan dirigiendo y perpetuando este bajo nivel de educación? No, que nos den esas escuelas. Si dicen que no pueden manejarlas ni componerlas, que nos den a nosotros la oportunidad de hacerlo.

¿Qué queremos? "Queremos directores afroamericanos que dirijan esas escuelas. Queremos maestros afroamericanos en esas escuelas". Significa que queremos directores negros y maestros negros con algunos libros de texto acerca de nuestro pueblo. "Queremos libros de texto escritos por afroamericanos que sean aceptables para nuestro pueblo antes de que puedan usarse en estas escuelas.

"La Organización de la Unidad Afro-Americana seleccionará y recomendará a personas para que presten sus servicios en las juntas escolares locales donde se elabora la política escolar y se transmite a la Junta de Educación". Y esto es muy importante.

"Con estos pasos convertiremos ese 10 por ciento de las escuelas que tomamos a nuestro cargo en centros de enseñanza que llamarán la atención de gente en toda la nación". En lugar de escuelas que producen alumnos cuyo régimen académico no es completo, podemos convertirlas en ejemplos de lo que somos capaces de hacer cuando tenemos la oportunidad.

"Si no se aprueban estas propuestas, les pediremos a los padres afroamericanos que no envíen a sus hijos a las escuelas inferiores a las que asisten actualmente. Y cuando estas escuelas en nuestro barrio estén controladas por afroamericanos, entonces regresarán a ellas nuestros hijos.

"La Organización de la Unidad Afro-Americana reconoce la enorme importancia de la participación total de los padres afroamericanos en todas las fases de la vida escolar. El padre afroamericano debe ser capaz y estar dispuesto a ir a la escuela y velar porque la labor de educar a nuestros hijos se realice adecuadamente". Se acabó eso de estar echándole la culpa sólo a los maestros. El padre en el hogar tiene tanta responsabilidad de velar porque cambie lo que está ocurriendo en esa escuela como el propio maestro. Por eso tenemos la intención de idear un programa de educación no sólo para los niños, sino también para los padres, para hacerlos conscientes de su responsabilidad en lo que toca a la educación de sus hijos.

"Exhortamos a todos los afroamericanos en la nación a que tomen conciencia de que las condiciones que existen en el sistema de enseñanza pública en Nueva York son tan deplorables como las de sus propias ciudades. Tenemos que unificar nuestros esfuerzos y difundir nuestro programa de superación propia, por medio de la educación, a todas las comunidades afroamericanas en Estados Unidos.

"Tenemos que establecer nuestras propias escuelas en todo el país para que nuestros hijos se conviertan en científicos, se conviertan en matemáticos. Tenemos que entender la necesidad de crear programas de enseñanza para adultos y programas de capacitación laboral que tomen en cuenta que vivimos en una sociedad cambiante en la que la automatización desempeña el papel principal. Nos proponemos emplear las herramientas de la educación para ayudar a elevar a nuestro pueblo, por sus propios esfuerzos, a un nivel de superación y respeto propio sin precedentes".

"IV — Política y economía".

Y las dos cosas son casi inseparables, porque el político depende del dinero; sí, de eso depende.

"En Estados Unidos hay fundamentalmente dos clases de poderes que son los que cuentan: el poder económico y el poder político; el poder social se deriva de esos dos. Para que los afroamericanos controlen su destino, tienen que ser capaces de controlar e influenciar las decisiones que controlan su destino: las decisiones económicas, políticas y sociales. Esto sólo puede hacerse a través de la organización.

"La Organización de la Unidad Afro-Americana organizará a la comunidad afroamericana cuadra por cuadra para que conozca su fuerza y su potencial; de inmediato comenzaremos una campaña de inscripción para hacer que cada votante en la comunidad afroamericana sea un elector independiente".

No organizaremos a ningún negro para que sea demócrata o republicano, porque ambos partidos nos han traicionado. Ambos nos han traicionado; los dos partidos nos han traicionado. Los dos partidos son racistas, y el Partido Demócrata es más racista que el Partido Republicano. Yo lo puedo probar. Nombremos simplemente a los que dirigen el gobierno en Washington hoy en día. Son demócratas y proceden de Georgia o Alabama o Texas o Misisipí o Florida o Carolina del Sur o Carolina del Norte, de uno de esos estados racistas. Y tienen más poder que cualquier hombre blanco del Norte. Es más, el presidente viene de un estado racista. ¿A qué me refiero? Texas es un estado racista; es más, en Texas te cuelgan más rápido que en Misisipí. No creas jamás que porque un racista se vuelve presidente deja de ser racista. Era racista antes de ser presidente y sigue siendo racista. Yo digo las cosas tal y como son. Espero que puedas ver las cosas tal y como son.

"Proponemos apoyar y organizar círculos políticos, presentar candidatos independientes en las elecciones y respaldar a todo afroamericano que ya ocupe un puesto público si rinde cuentas y es responsable ante la comunidad afroamericana". No respaldamos a negro alguno que esté controlado por la estructura del poder blanco. No sólo iniciaremos una campaña de inscripción de electores, sino también una campaña para educar a los electores, para que nuestro pueblo adquiera conocimientos sobre la ciencia de la política y sea capaz de ver el papel que juega el político en el conjunto del sistema; para que sea capaz de comprender cuándo el político cumple con su deber y cuándo no cumple con su deber. Y cuando el político no cumple con su deber lo quitamos, sea blanco, negro, verde, azul, amarillo o de cualquier otro color que inventen.

"El grado de explotación económica en la comunidad afroamericana es más feroz que la explotación que sufre cualquier otro pueblo en Estados Unidos". De hecho es la explotación más feroz que se practica contra cualquier pueblo del mundo. Nadie sufre una explotación económica tan absoluta como nosotros, porque en la mayoría de los países donde se explota a la gente, ésta lo sabe. En este país nos explotan a ti y a mí, y a veces no lo sabemos. "Pagamos el doble en alquileres por viviendas inmundas, infestadas de ratas y cucarachas".

Eso es cierto. A nosotros nos cuesta más vivir en Harlem que lo que les cuesta a ellos vivir en el bulevar Park Avenue. ¿Sabes que el alquiler es más alto en la parte del bulevar Park Avenue que pasa por el barrio de Harlem que en la parte de la misma avenida que pasa por el centro de la ciudad? Y en ese apartamento en Harlem convives con todo: cucarachas, ratas, perros, gatos y otros animales disfrazados de caseros. "El afroamericano paga más por la comida, paga más por la ropa, paga más por el seguro que cualquiera". Pagamos más. A ti y a mí nos cuesta más el seguro que al blanco que vive en el Bronx o cualquier otro lugar. La comida nos cuesta más a nosotros que a ellos. A ti y a mí nos cuesta más vivir en Estados Unidos que a cualquiera, y sin embargo damos la contribución más grande.

Dime qué clase de país es éste. ¿Por qué tenemos que hacer los trabajos más sucios por los salarios más bajos? ¿Por qué tenemos que hacer los trabajos más duros por los salarios más bajos? ¿Por qué tenemos que pagar más dinero por la peor comida y más dinero por la peor vivienda? Te digo que lo hacemos porque vivimos en uno de los países más podridos que jamás haya existido en este mundo.

Lo que está podrido es el sistema; tenemos un sistema podrido. Es un sistema de explotación, un sistema político y económico de explotación, de humillación, de degradación, de discriminación directa. De las cosas negativas con las que pudieras enfrentarte, te has enfrentado con todas bajo este sistema disfrazado de democracia, disfrazado de democracia. Y las cosas que hacen contra nosotros son peores que algunas de las cosas que pusieron en práctica contra los judíos en Alemania. Peores que algunas de las cosas que enfrentaron los judíos. Y tú estás aquí preparándote para alistarte en el ejército para ir a otro lugar y defender este sistema. Necesitas que alguien te dé un buen coscorrón.

"La Organización de la Unidad Afro-Americana librará una lucha tenaz contra estos males en nuestra comunidad. Habrá organizadores que trabajarán con nuestro pueblo para resolver estos problemas e iniciar un programa para mejorar nosotros mismos la vivienda". En lugar de esperar a que venga el blanco y nos arregle nuestro barrio, lo arreglaremos nosotros. Aquí es donde cometes el error. Un extraño no puede limpiar tu casa mejor que tú. Un extraño no puede velar por tus necesidades tan bien como tú. Y un extraño no puede comprender tus problemas tan bien como tú. Sin embargo, tú estás esperando a que un extraño lo haga. O lo hacemos *nosotros,* o no se hará nunca.

"Proponemos apoyar las huelgas de alquileres". Sí, no pequeñas huelgas de alquileres en una sola cuadra. Haremos de todo Harlem una huelga de alquileres. Haremos que todos los negros en esta ciudad participen; la Organización de la Unidad Afro-Americana no se detendrá hasta que no quede un solo negro que no esté en huelga. Nadie pagará el alquiler. La ciudad entera se detendrá en seco. Y no nos pueden meter a todos a la cárcel porque ya tienen las cárceles llenas de nuestra gente.

En lo que toca a nuestras necesidades sociales. . . espero que no esté asustando a nadie. Debería hacer un alto aquí mismo para decir que si eres el tipo de persona que se asusta, que se atemoriza, no te acerques nunca a nosotros. Porque te vamos a dar un susto mortal. Y no te falta mucho porque ya estás medio muerto. Económicamente estás muerto, en quiebra. Te pagaron tu sueldo ayer y hoy ya estás pelado.

"V — Responsabilidad social.

"Esta organización rinde cuentas solamente ante el pueblo afroamericano y la comunidad afroamericana". Esta organización no le rinde cuentas a nadie, excepto a nosotros mismos. No tenemos que preguntarle al hombre en el poder si podemos hacer manifestaciones de protesta. No tenemos que preguntarle al hombre en el poder qué tácticas podemos emplear para manifestar nuestro resentimiento contra sus abusos criminales. No tenemos que pedirle su consentimiento; no tenemos que pedirle su respaldo; no tenemos que pedirle su autorización. Cada vez que sepamos que existe una situación injusta, y que es ilegal e injusta, la enfrentaremos por todos los medios que sean necesarios. Y enfrentaremos también cualquier cosa y a cualquier persona que se nos interponga en el camino.

"Esta organización rinde cuentas únicamente al pueblo y a la comunidad afroamericanos y funcionará sólo con su apoyo, tanto financiera como numéricamente. Creemos que en la lucha por los derechos humanos y la dignidad humana, nuestras comunidades deben ser las fuentes de su propia fuerza en lo político, en lo económico, en lo intelectual y en lo cultural.

"La comunidad tiene que asumir cabalmente su responsabilidad moral para librarse de los efectos de años de explotación, abandono e indiferencia, y emprender una lucha tenaz contra la brutalidad policiaca". Sí. Hay algunos policías buenos y algunos policías malos. Por lo general nos tocan los malos. A pesar de todos los policías que hay en Harlem, hay demasiada criminalidad, demasiada drogadicción, demasiado alcoholismo, demasiada prostitución, demasiado juego.

Por eso cuando el jefe de policía Murphy manda a todos esos policías a Harlem, sus motivos nos parecen sospechosos. Comenzamos a pensar que no son más que sus mensajeros, que recogen el soborno y se lo llevan a Murphy allá en la alcaldía. Cada vez que hay un jefe de policía que ve la necesidad de aumentar numéricamente la fuerza policiaca en Harlem, y no vemos al mismo tiempo reducción alguna en la criminalidad, considero que estamos justificados si sospechamos de sus motivos. No puede estar enviándolos aquí para combatir la criminalidad, porque la criminalidad va en aumento. Mientras más policías hay, ocurren más delitos. Comenzamos a pensar que son ellos los que traen parte de la criminalidad a Harlem.

Así que nuestro propósito es organizar la comunidad de manera que nosotros mismos. . . ya que la policía no puede eliminar el tráfico de drogas, tenemos que eliminarlo nosotros. Ya que la policía no puede eliminar el juego organizado, tenemos que eliminarlo nosotros. Ya que la policía no puede eliminar la prostitución organizada y todos estos males que destruyen la moral de nuestra comunidad, nos corresponde a ti y a mí la tarea de eliminar estos males. Pero en muchas ocasiones, si en este país o en esta ciudad se juntan ustedes para combatir el crimen organizado, van a descubrir que están combatiendo al mismo departamento de policía porque ellos están involucrados con el crimen organizado. Dondequiera que tengas crimen organizado, ese tipo de crimen no puede existir sin el consentimiento de la policía, el conocimiento de la policía y la co-operación de la policía.

Sabes muy bien que no puedes meterte en la lotería clandestina en tu barrio sin que la policía lo sepa. Una prostituta no puede recoger un cliente en la calle sin que la policía lo sepa. Un hombre no puede vender drogas en ninguna parte de la avenida sin que la policía lo sepa. Y le pagan a la policía para que no los arresten. Yo sé de lo que estoy hablando. . . yo estuve en la calle un tiempo. Y sé que no puedes moverte en la calle sin la protección de la policía. Hay que sobornarlos.

La policía no es mala. Yo digo que hay algunos que son buenos y otros son malos. Pero, por lo general, a Harlem mandan a los malos. Como a Harlem han venido estos policías malos y no han reducido el alto índice de criminalidad, les digo, hermanos y hermanas, que ya es hora de que nos organicemos y eliminemos estos males nos-otros mismos, o de lo contrario vamos a terminar en el otro mundo antes de saber siquiera cómo es el mundo en que vivimos.

La drogadicción convierte a tu hermanita en una prostituta antes de que llegue a la adolescencia; hace de tu hermanito un criminal antes de que llegue a la adolescencia. . . la drogadicción y el alcoholismo. Y si tú y yo no podemos actuar como hombres para buscar la raíz de estos problemas, entonces no tenemos nin-gún derecho de andar quejándonos. La policía no va a hacer nada. "Nuestra comunidad tiene que asumir cabalmente su responsabi-lidad moral para librarse de los efectos de años de explotación, abandono e indiferencia, y emprender una lucha tenaz contra la brutalidad policiaca".

Esta brutalidad policiaca se manifiesta también. . . la nueva ley que acaban de aprobar, la ley de allanamiento sin previo aviso, la ley de registro sin causa en la vía pública, ésa es una ley contra el

negro. Ésa es una ley que fue aprobada y firmada por [el gobernador de Nueva York Nelson] Rockefeller. Rockefeller con su vieja
sonrisa, siempre tiene una sonrisa embustera y anda estrechán-
dole la mano a los negros, como si fuera el papito, el abuelito o el
tío del negro. Sin embargo, cuando se trata de aprobar una ley
peor que las que tenían en la Alemania nazi, Rockefeller no puede
aguantarse las ganas de firmarla. Y esta ley fue diseñada sólo para
legalizar lo que siempre han hecho.

Han aprobado una ley que les da el derecho a derribar tu puerta,
y ni siquiera tienen que tocar el timbre. Pueden derribarla y entrar
y romperte la cabeza y acusarte falsamente con el pretexto de que
sospechan algo de ti. ¡Vaya, hermano! Ni en la Alemania nazi tenían
leyes tan malas como ésas. Y la aprobaron para ti y para mí, es una
ley contra el negro, porque tienen un gobernador antinegro allá en
Albany —por poco digo Albany, Georgia— en Albany, Nueva York.
Y no hay mucha diferencia entre Albany, Nueva York, y Albany,
Georgia. Ni tampoco hay gran diferencia entre el gobierno en Albany, Nueva York, y el gobierno en Albany, Georgia.

"La comunidad afroamericana tiene que aceptar la responsabilidad de rescatar a aquellos de los nuestros que han perdido su
lugar en la sociedad. Tenemos que declarar, en nuestra comunidad, una guerra abierta contra el crimen organizado; hay que
denunciar cualquier vicio que esté controlado por los policías que
aceptan sobornos. Tenemos que establecer una clínica en la que
todo drogadicto pueda recibir ayuda y curarse".

Esto es absolutamente necesario. Cuando un individuo es
adicto a las drogas, él no es el criminal; es víctima del criminal. El
criminal es el hombre de arriba que introduce esta droga en el
país. Los negros no pueden introducir drogas en este país. Tú no
tienes barcos. Tú no tienes aviones. Tú no tienes inmunidad di-
plomática. No eres el responsable de que entren las drogas. Tú no
eres más que un pequeño instrumento utilizado por el hombre de
arriba. El hombre que controla el tráfico de drogas está metido en
el ayuntamiento o en el Senado. Pejes gordos que son respetados,
que funcionan en altas esferas. . . ésos son los que controlan esas
cosas. Y tú y yo jamás bregaremos con el problema de raíz hasta

que no confrontemos al hombre de arriba.

"Tenemos que organizar actividades creativas, significativas y útiles para aquellos que se han descarrilado y han tomado el camino del vicio.

"Los miembros de la comunidad afroamericana tienen que estar dispuestos a ayudarse unos a otros en todas las formas posibles; tenemos que establecer un lugar donde las madres solteras puedan recibir ayuda y consejo". Éste es un problema, éste es uno de los peores problemas en nuestra. . .

[*La frase queda interrumpida por un cambio de la cinta magnetofónica.*]

"Tenemos que organizar un sistema para resguardar a nuestros jóvenes que se meten en problemas". Demasiados hijos nuestros se meten en problemas por accidente. Y una vez que se meten en líos, como no tienen quién vele por ellos, van a parar en una de esas casas donde hay otros elementos que sí son expertos en buscarse problemas. E inmediatamente esto ejerce una mala influencia sobre ellos y nunca tienen oportunidad de enderezar su vida. Demasiados hijos nuestros terminan destruyendo totalmente su vida de esta manera. Ahora nos corresponde a nosotros crear el tipo de organizaciones en las que se pueda velar por todas las necesidades de estos jóvenes que se meten en problemas, y en especial por los que tienen problemas por primera vez, de manera que podamos hacer algo para reintegrarlos al camino correcto antes de que se descarrilen demasiado.

"Y tenemos que proporcionarles actividades constructivas a nuestros propios hijos. Tenemos que darles un buen ejemplo a nuestros hijos y tenemos que enseñarles a que siempre estén prestos a aceptar las responsabilidades que son necesarias para construir buenas comunidades y naciones. Tenemos que enseñarles que por encima de todo son responsables ante sí mismos, ante sus familias y ante sus comunidades.

"La Organización de la Unidad Afro-Americana considera que la comunidad afroamericana tiene que procurar realizar la mayor parte de su labor de beneficencia en el seno de la comunidad. Sin embargo, beneficencia no es lo mismo que las prestaciones gubernamentales, a las cuales tenemos derecho según la ley. Al veterano de guerra afroamericano hay que darle a conocer todas las prestaciones que por derecho le corresponden y enseñarle cómo obtenerlas".

Muchos de los nuestros han sacrificado la vida en el frente de batalla por este país. Hay muchas prestaciones gubernamentales que nuestro pueblo ni siquiera conoce. Muchos tienen derecho a todo tipo de ayuda, pero ni siquiera lo saben. Pero *nosotros* sí lo sabemos, y es nuestro deber —los que sí sabemos— crear un sistema en el que informemos a la gente que no sabe qué es lo que le corresponde, y les enseñemos cómo pueden reclamar todo lo que les corresponde recibir de este gobierno. Y te aseguro que te corresponde mucho. "Hay que estimular a los veteranos de guerra a que se asocien y abran negocios, usando los préstamos para veteranos" y todos los otros renglones a los que tenemos acceso o que están a nuestro alcance.

"Los afroamericanos tenemos que unirnos y trabajar juntos. Tenemos que sentirnos orgullosos de la comunidad afroamericana, porque es nuestro hogar y nuestra fuerza", la base de nuestra fuerza.

"Lo que hacemos aquí para recuperar nuestro propio respeto, nuestra hombría, nuestra dignidad y libertad ayuda a todos los que también luchan contra la opresión en cualquier parte".

Por último, en cuanto a la cultura y al aspecto cultural de la Organización de la Unidad Afro-Americana.

" 'Una raza humana es como un individuo; hasta que no use su propio talento, se enorgullezca de su propia historia, exprese su propia cultura y reafirme su propia existencia, nunca podrá realizarse'.

"Nuestra historia y nuestra cultura fueron destruidas completamente cuando nos trajeron por la fuerza, y en cadenas, a Estados Unidos. Y ahora es importante que sepamos que nuestra historia no comenzó con la esclavitud. Vinimos de África, un gran continente, en el que vive un pueblo orgulloso y diverso; una tierra que es el nuevo mundo y fue la cuna de la civilización. Nuestra cultura y nuestra historia son tan viejas como el hombre mismo y, sin embargo, casi no las conocemos".

Esto no es coincidencia. No es coincidencia que en África haya existido tan alto grado de cultura y que tú y yo no sepamos nada al respecto. ¡Claro!, el hombre en el poder sabe que si tú y yo sabemos quiénes somos no puede tratarnos como si fuéramos nadie. Por eso tuvo que inventar un sistema que nos despojara de todo lo que podíamos usar para demostrar quiénes somos. Y una vez que nos despojó de todas las características humanas —nos despojó de nuestra lengua, nos despojó de nuestra historia, nos despojó de todo conocimiento cultural y nos rebajó al nivel de un animal— entonces comenzó a tratarnos como animales, nos vendía de una plantación a otra, nos vendía de un dueño a otro, nos cruzaba como se cruza el ganado.

Hermanos y hermanas, cuando ustedes despierten y se den cuenta de lo que este hombre aquí nos ha hecho a ustedes y a mí, no van a esperar a que alguien les dé la consigna. No digo que todos ellos sean malos. Habrá algunos buenos. Pero no tenemos tiempo de buscarlos. No en tiempos como éstos.

"Tenemos que recuperar nuestra herencia y nuestra identidad si vamos a liberarnos para siempre de las cadenas de la supremacía blanca. Tenemos que lanzar una revolución cultural para *deslavarle* el cerebro a todo un pueblo". Una revolución cultural. Hermanos, ésa es una revolución fenomenal. Cuando este negro en Estados Unidos sepa quién es, de dónde vino, qué tenía cuando estaba allí, mirará a su alrededor y se preguntará: "¿Y dónde fue a parar todo eso? ¿Quién nos lo quitó y cómo lo hicieron?" ¡Imagínense, hermanos! Veremos acción de inmediato. Cuando el negro en Estados Unidos sepa dónde estaba y qué tenía antes, lo único que necesita es verse en el espejo ahora para darse cuenta que le hicieron algo criminal para rebajarlo a la condición tan inferior en la que hoy se encuentra.

Una vez que sepa lo que le hicieron, cómo se lo hicieron, dónde se lo hicieron, cuándo se lo hicieron y quién se lo hizo, ese conocimiento de por sí dará a luz un programa de acción. Y será por todos los medios que sean necesarios. Un hombre no sabe cómo actuar hasta no darse cuenta contra qué actúa. Y ustedes no sabrán contra qué actúan mientras no sepan lo que ellos hicieron contra ustedes. Demasiados de ustedes desconocen lo que les hicieron, y por eso están tan prestos a olvidar y perdonar. No, hermanos, cuando vean lo que les ha ocurrido, jamás olvidarán y jamás perdonarán. Y les repito, puede que todos ellos no sean culpables, pero la mayoría lo son. La mayoría lo son.

"Nuestra revolución cultural debe ser el medio para acercarnos más a nuestros hermanos y hermanas africanos. Debe nacer de la comunidad y basarse en la participación de la comunidad. Los afroamericanos tendrán libertad para crear cuando puedan depender de la comunidad afroamericana y recibir apoyo material, y los artistas afroamericanos deben comprender que dependen de la comunidad afroamericana para su inspiración".

Nuestros artistas. . . tenemos artistas que son geniales; no tienen que representar el papel de Stepin Fetchit.[17] Pero mientras busquen apoyo del blanco en lugar de ayuda del negro, tienen que actuar de acuerdo a los deseos del viejo patrocinador blanco. Cuando tú y yo ayudemos a los artistas negros, entonces los artistas negros pueden desempeñarse en ese papel. Mientras el artista negro tenga que cantar y bailar para complacer al blanco, será un payaso, estará payaseando, no será más que un payaso. Pero cuando puede cantar y bailar para complacer al hombre negro, canta una canción diferente y marca un ritmo diferente. Cuando nos unimos tenemos un ritmo totalmente nuestro. Tenemos un ritmo que nadie puede marcar más que nosotros, porque tenemos una razón para marcarlo que nadie puede entender, salvo nosotros.

"Tenemos que trabajar para establecer un centro cultural en Harlem, que incluirá a personas de todas las edades y tendrá talleres de todas las artes, como cinematografía, literatura, pintura, teatro, música y el panorama total de la historia afroamericana.

"Esta revolución cultural será el camino hacia nuestro propio redescubrimiento. La historia es la memoria colectiva de un pueblo, y sin la memoria el hombre se ve reducido al nivel de los animales inferiores". Cuando no tienes conocimiento de tu propia historia, no eres más que otro animal; de hecho, eres un *Negro* y nada más; algo que no vale nada. El único hombre negro en el mundo al que llaman *Negro* es uno que no tiene conocimiento de su historia. El único hombre negro en el mundo al que llaman *Negro* es uno que no sabe de dónde vino. Y es el que está en Estados Unidos. A los africanos no los llaman *Negroes.*[18]

El otro día un blanco me dijo: "Él no es un negro". El hombre al que se refería era tan negro como la noche, y el blanco me dijo: "No es un negro, es un africano". Contesté: "Mira nada más". Sabía que no lo era pero quería seguirle al blanquito la corriente, ¿entienden? Esto te demuestra que ellos sí conocen la diferencia. Tú eres un *Negro* porque no sabes quién eres, no sabes qué eres, no sabes dónde estás y no sabes cómo llegaste aquí. Pero en cuanto despiertes y encuentres la respuesta verídica a todas estas cosas, dejarás de ser un *Negro*. Serás una persona con dignidad.

"Armados con el conocimiento de nuestro pasado, podemos trazar con confianza la trayectoria de nuestro futuro. La cultura es un arma indispensable en la lucha por la libertad. Tenemos que imbuirnos de esta idea y forjar el futuro con el pasado".

Y cito un pasaje de la obra *And Then We Heard the Thunder* [Y entonces oímos los truenos] de John Killens, que dice así: ". . . Era un patriota abnegado: la Dignidad era su país, la Hombría su gobierno y la Libertad su tierra". El viejo John Killens. . . .

Éste es nuestro objetivo. Está algo tosco, tenemos que pulirlo un poco. Pero no pretendemos formar algo que sea perfecto. No nos importa lo tosco que sea. No nos importa lo difícil que sea. No nos importa lo atrasado que aparente ser. En esencia sólo significa que queremos una cosa. Declaramos nuestro derecho en esta Tierra a ser hombres, a ser seres humanos, a que se nos respete como seres humanos, a que nos den los derechos de todo ser humano en esta sociedad, en esta Tierra, hoy mismo, y tenemos la intención de hacerlo realidad por todos los medios que sean necesarios. [. . .]

FRAGMENTO DE UNA ENTREVISTA EN PARÍS

Sobre la posición de la mujer

Malcolm X viajó nuevamente a África y al Medio Oriente entre julio y noviembre de 1964. A la vuelta se detuvo en París, donde habló en un mitin auspiciado por el grupo cultural africano Présence Africaine. Esa misma noche dio una entrevista que fue filmada por John Taylor para su película *Malcolm X: Struggle for Freedom* (Malcolm X: La lucha por la libertad).

A continuación reproducimos un pequeño extracto de esta entrevista, donde Malcolm expresa su opinión sobre la posición y el papel de la mujer.

[. . .] Algo que observé en mis viajes recientes por África y el Medio Oriente es que en cada país que uno visita, por lo general el nivel de progreso que existe es inseparable del papel de la mujer. Si estás en un país progresista, la mujer es progresista. Si estás en un país donde se ve que hay conciencia sobre la importancia de la educación, es porque la mujer entiende la importancia de la educación. Pero en cada país atrasado verás que la mujer está atrasada, y en cada país que no pone énfasis en la educación es porque la mujer no es educada. Así que una cosa de la que quedé absolutamente convencido en mis viajes recientes es la importancia de darle libertad a la mujer, darle educación y darle incentivos para que salga y transmita ese mismo espíritu y entendimiento a sus hijos. Y francamente estoy orgulloso de los aportes que nuestras mujeres han hecho en la lucha por la libertad y estoy a favor de darles toda la libertad de acción posible, porque han hecho una contribución más grande que muchos de nosotros los hombres. [...]

SALÓN AUDUBON, HARLEM, NUEVA YORK

Nuestros problemas y los de África son los mismos

Este discurso, pronunciado ante unas mil personas, fue el primer mitin organizado por la Organización de la Unidad Afro-Americana después de que Malcolm X regresó de su tercer viaje a África y al Medio Oriente. A continuación presentamos extractos.

[. . .]Hermanos y hermanas, acerca de las últimas 18 semanas: Primero estuve dos meses en Cairo, en Egipto, que es parte de África. Cairo es una ciudad muy interesante, ya que hoy en día posiblemente encuentras allí la sede de más organizaciones involucradas en luchas por la libertad de los asiáticos, de los africanos y de los latinoamericanos que en cualquier otra ciudad del mundo. No es casualidad que allí se hayan celebrado tantas reuniones cumbre. Se trata de una ciudad revolucionaria.

Hoy día toda persona pensante que haya estado oprimida es revolucionaria. Siempre que te encuentres hoy con alguien que le tiene miedo a la palabra "revolución", quítalo de tu camino. Está viviendo en la época equivocada. Está viviendo en el pasado. Aún no ha despertado. Ésta es la época de revoluciones.

Ahora debo tomar un momento para aclarar lo que quiero decir, antes de que esos periodistas mercenarios tergiversen lo que digo, aunque de todas maneras lo van a hacer. Habrás notado que hace dos años la prensa norteamericana llamaba nuestra lucha una revolución: "la revolución negra, la revolución negra". A ellos no les molestaba llamarla así, y no les molestaba que tú la llamaras así, porque lo que estaba ocurriendo no tenía nada que ver con una revolución. Pero cuando empiezas a usar la palabra "revolución" con su verdadero sentido, entonces se ponen nerviosos. Empiezan a catalogarte como fanático o subversivo o sedicioso, o como una persona que no respeta la ley. Pero en la actualidad estamos viviendo en una época de revolución, lo cual significa una época de cambios, cuando los pueblos que están oprimidos quieren un cambio. Y no quieren un cambio gradual. No quieren el tipo de cambio que ocurre de año en año, o de semana en semana, o de mes en mes. Quieren un cambio ahora mismo. [. . .]

Quiero añadir esto también, de paso, para provecho de nuestros hermanos y hermanas musulmanes que pudieran estar aquí procedentes de algunos de los países musulmanes, y a lo mejor están un poquito nerviosos por lo que estoy diciendo y la forma en que lo estoy diciendo. Ésta no es una reunión religiosa. Cuando vengo a una reunión auspiciada por la OAAU, que es la Organización de la Unidad Afro-Americana, pongo mi religión aquí en este bolsillo y la guardo ahí. Y cuando hablo de este modo, no quiere decir que soy menos religioso, quiere decir que soy más religioso. Creo en una religión que cree en la libertad. Porque si tengo que aceptar una religión que no me permita librar una batalla por mi pueblo, mando al diablo esa religión. Por eso soy musulmán, porque es una religión que te enseña ojo por ojo y diente por diente. Te enseña a respetar a todo el mundo, y a tratar bien a todo el mundo. Pero también te enseña que si alguien te pisa el dedo del pie, le cortes el pie. Y llevo siempre mi hacha religiosa.[. . .]

Mi objetivo principal, mientras viajaba con nuestros hermanos en el extranjero, en el continente africano, era tratar de convencerlos de que 22 millones de personas aquí en Estados Unidos nos consideramos unidos inseparablemente a ellos, que nuestro origen es el mismo y que nuestro destino es el mismo, y que ya es demasiado el tiempo que nos han mantenido separados.

Esto no significa que estamos listos a hacer nuestras maletas y coger un barco para regresar a África. No fue ésta la impresión que traté de dar, porque no es cierto. No hay mucha gente nuestra que esté haciendo sus maletas para regresar a África. Eso no es necesario. Pero lo que sí es necesario es que tenemos que regresar mentalmente, tenemos que regresar culturalmente, tenemos que regresar espiritualmente, y filosóficamente y sicológicamente.

Y cuando regresamos en ese sentido, entonces el vínculo espiritual que se crea nos hace inseparables, y ellos pueden ver que nuestros problemas también son suyos, y que sus problemas son nuestros problemas. Nuestro problema no se resuelve hasta que no se resuelva el suyo; el suyo no se resuelve hasta que no se resuelva el nuestro. Y cuando podamos desarrollar esa clase de relación, entonces significa que los ayudaremos a resolver sus problemas y queremos que nos ayuden a resolver los nuestros. Y cuando todos trabajemos juntos, daremos solución a ese problema. Sólo resolveremos ese problema trabajando juntos.

Ésta fue la esencia de cada discusión. . . que los problemas son los mismos, que el destino es el mismo, el origen es el mismo. Incluso las experiencias son las mismas; a ellos siempre los acosan y a nosotros siempre nos acosan. Y no importa cuánta independencia hayan podido alcanzar en esas tierras, en el continente materno, si aquí no tenemos independencia ni respeto, cuando ellos vienen aquí los confunden con uno de nosotros y también les faltan al respeto. Por eso, para que se les respete, tenemos que ser respetados.

Y les digo, hermanos y hermanas, que ellos comienzan a darse cuenta. Comienzan a ver que los problemas son los mismos. Están interesados en nuestros problemas, pero los conmovió saber que también nosotros estábamos interesados en sus problemas. Si tuviera que hacerle alguna amonestación a nuestro pueblo aquí, en el hemisferio occidental, diría que casi ha sido un crimen por nuestra parte, con todas las organizaciones que tenemos, no haber tratado antes de hacer algún tipo de contacto directo, de comunicación directa, con nuestros hermanos en el continente africano.

No debemos permitir nunca que el hombre blanco nos represente ante ellos, y jamás permitiremos que los represente ante nosotros. Hoy día nuestra tarea es representarnos a nosotros mismos, así como ellos se representan a sí mismos. No necesitamos que una persona ajena nos represente. No queremos que una persona ajena les diga a los demás cómo pensamos. Nosotros le haremos saber al mundo cómo pensamos. No queremos que algún negro sumiso designado por el Departamento de Estado le diga al mundo cómo pensamos; queremos que el mundo sepa cómo pensamos. Queremos que el mundo sepa que no nos gusta lo que el tío Sam les está haciendo a nuestros hermanos y hermanas en el Congo. [. . .]

Cuando hablo de una acción a favor del Congo, esa acción también incluye al Congo en Misisipí. Pero la idea y la cuestión que me gustaría inculcarle a cada líder afroamericano es que jamás va a dar fruto una acción en este país a menos que esa acción esté vinculada con toda la lucha internacional.

Pierdes el tiempo cuando hablas con este hombre, solo tú y él. Cuando hables con él, hazle saber que tu hermano está detrás de ti y que detrás de ese hermano hay más hermanos. Ésa es la única forma de hablar con él, es el único lenguaje que conoce. ¿Por qué siempre digo "asegúrate que tu hermano está detrás de ti"? Porque vas a tener que pelear contra ese hombre. Creeme, sí, *vas a tener que pelear contra él*. Vas a tener que pelear contra él. Él no conoce otro lenguaje.

Puedes ir y expresarle esas trilladas y lindas palabras; ni siquiera te va a escuchar. Dice sí, sí, sí, sí. Ya sabes, no puedes comunicarte si un hombre habla francés y el otro habla alemán. Ambos tienen que hablar el mismo idioma. Bien, en este país tienes que habértelas con un hombre que tiene un cierto lenguaje. Averigua qué lenguaje es. Una vez que sabes qué lenguaje habla, entonces puedes conversar con él. Y si quieres saber qué lenguaje es, estudia su historia. Su lenguaje es la sangre, su lenguaje es el poder, su lenguaje es la violencia, su lenguaje es todo lo que sea brutal.

Y si no puedes hablar como habla él ni siquiera te va a oír. Puedes ir y expresar todas esas trilladas y dulces palabras, o esas trilladas palabras de paz, o esas trilladas palabras de la no violencia. . . ese hombre no oye esa clase de palabras. Te dará palmadas en la espalda, te dirá que eres un buen muchacho y te dará un premio de paz.[19] ¿Cómo vas a recibir un premio de paz si la guerra todavía no ha terminado? Estoy a favor de la paz, pero la única forma en que se va a preservar la paz es preparándose para la guerra.

Que nadie nos diga a ti y a mí que estamos en desventaja. . . ni siquiera quiero oírlo. Si piensas que estamos en desventaja, olvídate. Pero no estás en desventaja. Sólo estás en desventaja cuando tienes miedo. Lo único que te pone en desventaja es una mente asustada. Cuando te despojas de ese miedo esa desventaja ya no existe. Porque cuando un hombre sabe que si empieza a meterse contigo tiene que matarte, ese hombre no va a meterse contigo. Pero si sabe que cuando se meta contigo vas a retroceder y ser no violento y pacífico y respetable y responsable, tú y yo jamás nos vamos a escapar de sus garras.

Hazle saber que eres pacífico, hazle saber que eres respetuoso y que lo respetas, y que acatas la ley, y que quieres ser un buen ciudadano, y todos esos buenos conceptos. Pero al mismo tiempo hazle saber que estás dispuesto a hacerle lo que él ha estado tratando de hacerte a ti. Y entonces siempre tendrás paz. Siempre la tendrás. Aprende de la historia, aprende de la historia.

Antes de terminar tengo que decirles lo siguiente. No quiero que piensen que he regresado aquí a agitar o incitar a nadie. No creo que haya que incitar a nuestro pueblo; el hombre ya nos ha incitado. No quiero que piensen que estoy dispuesto a llevar a cabo una acción que no sea inteligente, o una acción irrazonable, o cualquier cosa por el mero hecho de hacerlo. No. Espero que todos podamos sentarnos en la trastienda, o en cualquier otro lugar, a analizar la situación con la cabeza despejada y la mente clara; y después de que hagamos el análisis apropiado de lo que enfrentamos, entonces tengamos el valor para dar los pasos que el análisis indica que debemos tomar. Cuando ya sepamos lo que hay que hacer, hagámoslo, y entonces podremos obtener algún tipo de resultado en esta lucha por la libertad.

Pero no dejes que ningún opresor nuestro establezca las reglas del juego. No aceptes su juego, no acates sus reglas. Que sepan que éste es un juego nuevo, y que tenemos reglas nuevas, y estas reglas significan que aquí todo se vale, *todo se vale*. ¿Están conmigo, hermanos? Sé que están conmigo. [. . .]

UNIVERSIDAD DE OXFORD, INGLATERRA

Una época de revolución

El fragmento que sigue es de la presentación que Malcolm X dio en un debate patrocinado por la asociación estudiantil Oxford Union. Malcolm y otros cinco oradores debatieron ante un público que incluía a muchos estudiantes procedentes de África y Asia. Millones de personas en Inglaterra vieron el intercambio, que fue transmitido por la cadena de televisión BBC.

[. . .] No creo en el extremismo injustificado de ningún tipo. Pero creo que cuando un hombre emplea el extremismo, cuando un ser humano emplea el extremismo en defensa de la libertad de los seres humanos, no es un vicio. Y cuando uno es moderado en la lucha por la justicia para los seres humanos, digo que eso sí es un pecado.

Y pudiera añadir, en conclusión, que Estados Unidos es uno de los mejores ejemplos —si lees su historia— del extremismo. El viejo Patrick Henry[20] dijo: "¡Libertad o muerte!" Eso era extremista, muy extremista. [*Aplausos y risas*]

Leí una vez, de pasada, acerca de un hombre llamado Shakespeare. Sólo leí acerca de él de pasada, pero recuerdo una cosa que escribió que me conmovió. Lo puso, creo, en boca de Hamlet, quien dijo: "Ser o no ser" —sentía dudas sobre algo—. [*Risas*] "Si es más noble en la mente del hombre sufrir las pedradas y las flechas de una fortuna horriblemente adversa" —la moderación— "o esgrimir las armas contra un mar de dificultades y, al enfrentarlas, darles fin".

Eso me gusta. Si esgrimes las armas, pones fin a las dificultades. Pero si te sientas a esperar hasta que los que están en el poder decidan darles fin, vas a esperar mucho tiempo.

Y en mi opinión la joven generación de blancos, negros, morenos, y todos los demás. . . ustedes están viviendo en una época de extremismo, una época de revolución, una época en la que tiene que haber cambios. La gente que está en el poder ha abusado de él, y ahora tiene que haber un cambio y hay que construir un mundo mejor, y la única manera de construirlo es con métodos extremos. Y yo sí me uniré a cualquiera, no importa de qué color sea, mientras quiera cambiar las condiciones miserables que existen en este mundo. [. . .]

SALÓN AUDUBON, HARLEM, NUEVA YORK

Que no vengan a Harlem a decirnos a quién debemos aplaudir

Estos extractos son la última parte del discurso que Malcolm X pronunció en una reunión de la Organización de la Unidad Afro-Americana. Los 1 500 concurrentes aplaudieron con entusiasmo al principal orador invitado, Abdul Rahman Muhammad Babu, miembro del gobierno de Tanzania. También aplaudieron cuando Malcolm leyó el mensaje enviado por Ernesto Che Guevara, quien se encontraba en Nueva York representando a Cuba ante Naciones Unidas. Hablaron además el artista Dick Gregory y Jesse Gray, dirigente de un boicot de rentas en Harlem.

[. . .] Tengo el altísimo honor de presentarles el ministro de cooperativas y comercio de Tanzania, hombre estrechamente vinculado al presidente Julius Nyerere, quien logró la libertad para el pueblo de la isla de Zanzíbar, uniéndolo a Tangañika para crear la República de Tanzania. Nuestro invitado es conocido como el sheik Abdul Rahman Muhammad Babu.

Y antes de que aparezca. . . acaba de cenar con otro muy buen amigo nuestro, les repito, muy buen amigo nuestro. Quiero señalar lo siguiente: no permito que nadie escoja mis amigos. Y tú no debes permitir que nadie escoja tus amigos. Tú y yo debemos practicar la costumbre de evaluar a la gente, de evaluar las situaciones, de evaluar los grupos, de evaluar los gobiernos nosotros mismos, y no permitir que nadie más nos diga quiénes deben ser nuestros enemigos y quiénes deben ser nuestros amigos.

Yo amo al revolucionario. Y uno de los hombres más revolucionarios que están actualmente en el país iba a venir hoy con nuestro amigo Babu, pero lo pensó mejor y nos envió este mensaje. Dice así:

"Queridos hermanos y hermanas de Harlem, me habría gustado estar con ustedes y el hermano Babu, pero las condiciones actuales no son buenas para esta reunión. Reciban los cálidos saludos del pueblo cubano y, en especial, los de Fidel, que recuerda con entusiasmo su visita a Harlem hace unos pocos años. Unidos venceremos."

Este mensaje es de Che Guevara.

Me alegra mucho oír los aplausos calurosos de respuesta, porque le hace saber al hombre en el poder que ahora no está en condiciones de decirnos a quiénes debemos aplaudir y a quiénes no debemos aplaudir. Y por aquí no se ven cubanos anticastristas: nos los comemos vivos.

Que vayan y peleen contra el Ku Klux Klan o el Consejo de Ciudadanos Blancos. Que utilicen parte de esa energía para resolver sus propios problemas. Que no vengan a Harlem a decirnos a quiénes debemos aplaudir y a quiénes no. Si no, habrá algunos ex cubanos anticastristas. [. . .]

Además, hermanos y hermanas, considero, y se lo digo de todo corazón, que debemos organizar un fondo de defensa en Harlem. Debemos organizar un fondo en Harlem, de manera que podamos ofrecerle una recompensa a cualquiera que le quite la cabeza al sheriff en Misisipí que asesinó a sangre fría a esos luchadores por los derechos civiles.[21] Ustedes pensarán que perdí la cordura. Siempre que haya un gobierno que permite que el sheriff —y no sólo un sheriff, sino algunos sheriffes junto con sus policías— mate a sangre fría a hombres que no hacen más que tratar de asegurar los derechos para un pueblo al que se le han negado sus derechos, y estos trabajadores son asesinados, y el FBI sale con todas esas palabras bonitas, y hacen como si fueran a arrestarlos y no hacen más que ponerlos en libertad... entonces nos llega la hora a ti y a mí de hacerles saber que si el gobierno federal no puede con el Klan, tú y yo sí podemos. Es la única forma en que vas a ponerle un alto.

La única forma de detener al Ku Klux Klan es deteniéndolo ustedes mismos. Tal y como dijo Dick Gregory, el gobierno no puede detenerlo porque el gobierno ha infiltrado al Klan y el Klan ha infiltrado al gobierno. Tenemos que detenerlo nosotros mismos. Por eso, ofrezcamos una recompensa por la cabeza de ese sheriff, una recompensa, un dólar, para el que pueda alcanzarlo primero. Ya sé lo que van a hacer... si ocurre algo, me van a echar la culpa a mí. Acepto esa culpa.

Lograr la libertad por todos los medios que sean necesarios

Reproducimos aquí, casi en su totalidad, el discurso que pronunció Malcolm X en una reunión de la Organización de la Unidad Afro-Americana. Malcolm invitó en esta ocasión a la activista pro derechos civiles Fannie Lou Hamer de Misisipí y al coro musical de la Coordinadora No Violenta de Estudiantes (SNCC).

[. . .] Si analizamos el último periodo de lucha, creo que estaríamos todos de acuerdo en que hemos ensayado diferentes modelos de lucha, que hemos luchado de diferentes formas. Ninguna de las vías que probamos produjo jamás los resultados que estábamos buscando. Si hubiera sido productiva, habríamos continuado por esa misma vía. Es probable que hayamos ensayado más métodos diferentes que cualquier otro pueblo. Pero al mismo tiempo pienso que hemos probado más métodos erróneos que cualquier otro pueblo, porque la mayoría de los pueblos han logrado más libertad que nosotros. Dondequiera que mires, la gente logra su libertad más rápido que nosotros. Se ganan más respeto y consideración y más rápido que nosotros. Nosotros obtenemos prome-

Arriba: Malcolm X habla ante un mitin en Harlem, Nueva York, el 29 de junio de 1963.

FOTOGRAFÍA DE ROBERT PARENT

Abajo: Con Fidel Castro en el hotel Theresa en Harlem el 19 de septiembre de 1960.

FOTOGRAFÍA DE CARL NESFIELD

En el mitin de fundación de la Organización de la Unidad Afro-Americana, en el salón Audubon en Harlem, el 28 de junio de 1964.

En el mitin público auspiciado por el Militant Labor Forum en el salón Palm Gardens de Nueva York el 7 de enero de 1965. El tema de su discurso fue "Perspectivas para la libertad en 1965".

Esta página: Hablando ante jóvenes luchadores por los derechos civiles en Selma, Alabama, el 4 de febrero de 1965. En esos momentos ardía la batalla por el derecho a inscribirse para votar, parte del movimiento de masas que puso fin al sistema legal de segregación racial en el sur de Estados Unidos.
FOTOGRAFÍA DE WIDE WORLD

Página anterior, arriba: Poco antes del debate en la universidad Oxford en Inglaterra el 3 de diciembre de 1964.
FOTOGRAFÍA DE OXFORD MAIL

Página anterior, abajo: Con Abdul Mohammed Babu —dirigente de la revolución en Zanzíbar en 1964— durante la visita que realizó Malcolm X a Tanzanía ese mismo año.

Arriba: Además de hablar en un concurrido mitin de varios miles de jóvenes universitarios, Malcolm X fue entrevistado por dirigentes estudiantiles en el Instituto Tuskegee —una universidad predominantemente negra en Alabama— el 3 de febrero de 1965.

FOTOGRAFÍA CORTESÍA DE TUSKEANA YEARBOOK, 1965

Abajo: Escena en el Instituto Tuskegee.

FOTOGRAFÍA DE P.H. POLK, CORTESÍA DE LOS ARCHIVOS DE LA UNIVERSIDAD TUSKEGEE

Ante un mitin en la iglesia metodista Corn Hill en Rochester, Nueva York, el 16 de febrero de 1965.

FOTOGRAFÍAS DE GANNETT ROCHESTER NEWSPAPERS/ PETER HICKEY

FOTOGRAFÍA LAURENCE HENRY/SCHOMBERG CENTER

sas, pero jamás logramos lo que en verdad tenemos que conseguir. Y la razón fundamental es que todavía tenemos que aprender la táctica o la estrategia o el método apropiado para ganar la libertad.

Creo que una de las cosas que ha hecho que nuestro pueblo en este país haya ensayado tantos métodos es que los tiempos han cambiado con mucha rapidez. Lo que era apropiado hace 10 años, no lo era hace siete años o cinco años o tres años. Los tiempos cambian tan rápidamente que si tú y yo no nos mantenemos al tanto, nos vamos a encontrar con un paraguas en la mano el día que hace sol. O nos va a agarrar la lluvia en la calle cuando dejemos el paraguas en casa. Si no nos mantenemos al corriente, no podremos demostrar la inteligencia necesaria para indicarle al mundo que sabemos qué horas son y que sabemos lo que ocurre a nuestro alrededor. [...]

Varias personas me han preguntado recientemente, desde que regresé: "¿Cuál es tu programa?" Es a propósito que hasta ahora no he mencionado en forma alguna cuál es nuestro programa, porque llegará un momento en que lo daremos a conocer para que todos lo puedan entender. Las políticas cambian, y los programas cambian según los tiempos. Pero el objetivo nunca cambia. Uno puede cambiar su método para lograr el objetivo, pero el objetivo jamás cambia. Nuestro objetivo es la libertad total, la justicia total, la igualdad total, por todos los medios que sean necesarios. Eso jamás cambia. El reconocimiento y el respeto totales e inmediatos como seres humanos, eso no cambia, eso es lo que todos queremos. No importa a qué organismo pertenezcas, sigues queriendo lo mismo: reconocimiento y respeto como ser humano. Pero de vez en cuando cambias los métodos que usas para lograrlo. Y la razón es que hay que cambiar el método según los tiempos y las condiciones que prevalecen. Y una de las condiciones que predominan en este mundo en la actualidad, y sobre la cual somos muy ignorantes, es nuestra relación con las luchas de liberación de los pueblos en todo el mundo.

Aquí en Estados Unidos siempre hemos pensado que estábamos luchando solos, y la mayoría de los afroamericanos te dirán eso: que somos una minoría. Al pensar que somos una minoría, luchamos como una minoría. Luchamos como perdedores. Luchamos como si estuviéramos en desventaja. Ese tipo de lucha ocurre porque todavía no sabemos dónde encajamos en el mundo. Nos han manipulado para impedir que realmente sepamos y comprendamos correctamente dónde encajamos en el mundo. A ti y a mí nos resulta imposible saber qué posición ocupamos hasta que no miremos a nuestro alrededor por todo el mundo. No sólo mirar a nuestro alrededor en Harlem o Nueva York o Misisipí o Estados Unidos... tenemos que examinar todo el mundo. No sabremos qué posición ocupamos hasta que no sepamos qué posición ocupa Estados Unidos. No sabrás qué posición ocupas dentro de Estados Unidos hasta que no sepas qué posición ocupa Estados Unidos en el mundo. No sabremos qué posición ocupamos tú y yo en este contexto, lo que conocemos como Estados Unidos, hasta que no sepamos qué posición ocupa Estados Unidos en el contexto mundial.

Cuando tú y yo estamos dentro de Estados Unidos vemos a Estados Unidos como algo inmenso, recio e invencible. Claro, y cuando enfrentamos a Estados Unidos en ese contexto, lo hacemos como limosneros, con el sombrero en la mano. Como tíos Tom, en realidad, sólo que del siglo XX. Pero si entendemos lo que está ocurriendo en esta Tierra y lo que está ocurriendo hoy en el mundo, y encajamos a Estados Unidos en ese contexto, nos daremos cuenta de que, después de todo, no es tan imponente, no es tan invencible. Y cuando te das cuenta de que no es invencible, ya no ves a este país como si estuvieras bregando con alguien que es invencible.

Como regla general, la estrategia de Estados Unidos hasta ahora ha sido la de sentar a todos nuestros líderes en su regazo y rodearlos de dinero, de prestigio, de halagos, y hacerlos saltar y decirles lo que tienen que decirnos. Y ellos siempre nos dicen que estamos en desventaja, que no tenemos ninguna posibilidad, que tenemos que hacerlo sin violencia y con cuidado, porque de lo contrario vamos a salir lastimados o vamos a consumirnos en una lucha inútil. No nos tragamos esa mentira.

En primer lugar, queremos saber ¿qué somos? ¿Cómo llegamos

a ser lo que somos? ¿De dónde vinimos? ¿Cómo vinimos? ¿A quiénes dejamos detrás? ¿Dónde están los que dejamos detrás y qué están haciendo ellos en los lugares donde nosotros vivíamos? Esto es algo que no se nos ha dicho. Nos trajeron aquí y nos han aislado, y lo más cómico es que nos acusan a nosotros de introducir la "separación" y el "aislamiento". Nadie está más aislado que tú y yo. No hay sistema en el mundo que sea más capaz de separar y aislar completamente a un pueblo que este sistema al que ellos llaman el sistema democrático; y tú y yo somos la mejor prueba de ello, el mejor ejemplo. Nos separaron de nuestro pueblo y hemos estado aislados aquí por mucho tiempo.

Y este proceso ha sido tan completo que ahora ni siquiera sabemos que existe gente que se parece a nosotros. Cuando los vemos, los vemos como si fueran extraños. Y cuando vemos gente que no se parece en absoluto a nosotros los llamamos nuestros amigos. Es una vergüenza. Demuestra lo que nos han hecho. Sí, me refiero a nuestra propia gente, cuando nuestra propia gente viene y se ve exactamente como nosotros, gemelos nuestros, ni podemos diferenciarlos, y decimos: "Ellos son extranjeros". Sin embargo aquí nos están dando de palos por tratar de arrimarnos a alguien que ni se parece a nosotros ni huele como nosotros.

De manera que puedes ver la importancia de estas reuniones que hemos realizado los domingos por la noche durante las últimas dos o tres semanas, y que vamos a continuar por un par de semanas más. No se trata de plantear un programa; no se le puede dar un programa a un pueblo hasta que no se dé cuenta que lo necesita, y hasta que no se dé cuenta de que todos los programas que han existido hasta ahora no van a dar resultados productivos. Por eso lo que nos gustaría hacer los domingos por la noche es abordar nuestro problema, y nada más analizar y analizar; y plantear cosas que no entiendas; para que al menos así podamos tratar de que entiendas mejor lo que enfrentamos.

Yo creo que si el pueblo logra comprender a fondo el problema que enfrenta y las causas básicas que lo originan, el pueblo mismo creará su propio programa; y cuando el pueblo crea un programa, hay acción. Cuando estos "líderes" crean programas no hay acción. Sólo los vemos cuando el pueblo estalla. Entonces inyectan a los líderes en la situación y les dicen que la controlen. No puedes mostrarme un líder que haya originado un estallido. No, ellos vienen a detener el estallido. Ellos dicen: "No se pongan bravos, pues, sean inteligentes". ¡Ése es su papel! Están ahí para frenarnos a ti y a mí, para frenar la lucha, para encauzarla de cierta manera y no dejar que se descontrole. Mientras que tú y yo no queremos que nadie nos impida descontrolarnos. Queremos descontrolarnos. Queremos aplastar todo obstáculo que se interponga en nuestro camino, si es algo que no debería existir.

Oye bien lo último que acabo de decir: no sólo dije que queremos aplastar todo lo que se interponga en nuestro camino. Dije que queremos aplastar todo lo que se interponga en nuestro camino si es algo que no debería existir. ¿Ves? He tenido que darte la idea completa porque cuando salga en el periódico van a decir que queremos aplastar a todo el mundo. No, yo no dije eso. Dije que aplastaremos todo lo que se interponga en nuestro camino si se trata de algo que no debería existir. Eso es lo que quiero decir. Si es algo que no debería existir, vale la pena aplastarlo. Este país practica eso. . . la fuerza. Este país aplasta todo lo que se interpone en su camino. Este país tritura todo lo que se interpone en su camino. Y como somos norteamericanos —nos dicen ellos—, muy bien, lo haremos al estilo norteamericano. Aplastaremos todo lo que se interponga en nuestro camino.

Éste es el tipo de filosofía que queremos difundir entre nuestro pueblo. No necesitamos darle un programa, todavía no. Primero hay que darle algo en qué pensar. Si le damos algo en qué pensar, y lo ponemos a que piense de la forma en que debe pensar, podrá ver claramente a través de todas las telarañas que existen. No es más que una obra de teatro: ese guión lo escribió otra persona. El pueblo tomará ese guión y lo romperá, y escribirá uno propio. Y puedes estar seguro de que cuando tú mismo escribes el guión, siempre haces algo distinto de lo que harías si siguieras el guión de otra persona.

Por eso, hermanos y hermanas, debemos estar conscientes del papel que desempeña actualmente en los asuntos mundiales, en primer lugar, el continente africano; en segundo lugar, el pueblo de ese continente; y en tercer lugar, los que tenemos la misma sangre que el pueblo de ese continente pero que, por algún capricho de nuestra propia historia, nos hallamos hoy aquí en el hemisferio occidental.

Siempre ten en mente que nuestra existencia en el hemisferio occidental difiere de la de los demás, porque los otros que están aquí llegaron voluntariamente. Todos los que veas en esta parte del mundo tomaron un barco y llegaron aquí voluntariamente; llegaron como inmigrantes o lo que sea, llegaron voluntariamente. Por eso no tienen una queja verdadera, porque consiguieron lo que buscaban. Pero tú y yo podemos quejarnos porque no llegamos aquí voluntariamente. No nos preguntaron si queríamos venir. Nos trajeron a la fuerza, en contra de nuestra voluntad, y encadenados. Y en ningún momento desde que llegamos han actuado como si nos quisieran tener aquí. En ningún momento. En ningún momento han pretendido siquiera demostrar que nos trajeron aquí para hacernos ciudadanos. Si ellos ni siquiera *pretenden,* ¿por qué habremos de pretender nosotros?

Mira el continente africano hoy en día, observa qué posición ocupa en este mundo y te darás cuenta que hay una pelea entre Oriente y Occidente. Antes era entre Estados Unidos y Occidente por un lado y Rusia por el otro, pero ya no están peleando. Kennedy convirtió a Rusia en un satélite. Puso a Jruschov en su bolsillo; sí, hasta le costó el empleo a Jruschov. Ahora la pelea es entre Estados Unidos y China. En el campo de Occidente, Estados Unidos es supremo. La mayoría de los otros países de Occidente son satélites de Estados Unidos. Inglaterra es un satélite de Estados Unidos. Todos son satélites, quizás con la excepción de Francia. Francia quiere que Estados Unidos sea su satélite. Uno nunca sabe lo que traerá el futuro. Si lees historia aprendes que naciones mejores que ésta han caído. La mayoría de los países comunistas europeos todavía están en la órbita de Rusia. Pero en Asia el centro del poder es China.

Entre los países asiáticos, o bien son comunistas o socialistas: ya no se encuentran muchos países capitalistas. Casi todos los países que han logrado su independencia han ideado algún tipo de sistema socialista, y no es por casualidad. Ésta es otra de las razones por las que te digo que tú y yo, aquí en Estados Unidos —que buscamos trabajo, que buscamos mejor vivienda, que buscamos una mejor educación— antes de comenzar a tratar que se nos incorpore, o integre, o desintegre en este sistema capitalista, debemos ver lo que hacen en esos países y averiguar qué sistema han adoptado los pueblos que han conquistado su libertad para obtener mejores viviendas y mejor educación y mejor comida y mejor ropa.

Ninguno de ellos opta por el sistema capitalista porque se dan cuenta que no pueden. Para dirigir un sistema capitalista hay que ser como un buitre; para ser capitalista hay que tener a quién chuparle la sangre. Muéstrame un capitalista y te mostraré un chupasangre. Si se trata de un capitalista, no puede ser más que un chupasangre. Tiene que sacarla de algún lugar que no sea de sí mismo, y así la saca. . . de cualquier lugar o de cualquier otra gente que no sea él mismo. Por eso, cuando vemos el continente africano, cuando vemos la pugna que hay entre Oriente y Occidente, descubrimos que las naciones en África están desarrollando sistemas socialistas para resolver sus problemas.

Hay algo que Martin Luther King mencionó el otro día en el Armory, que considero muy significativo. Espero que sepa realmente lo que estaba diciendo. Mencionó que mientras estuvo en algunos de esos países escandinavos no vio pobreza. No había desempleo, no había pobreza. Todos recibían educación, todos tenían una vivienda digna; condiciones dignas en todo lo necesario para subsistir. Pero, ¿por qué mencionó esos países en su lista como si fueran diferentes?

Éste es el país más rico del mundo, pero hay pobreza, hay viviendas miserables, hay tugurios, hay un sistema de educación inferior. Y éste es el país más rico del mundo. Ahora bien, si esos países que son pobres pueden encontrar una solución a sus problemas para que no haya desempleo, entonces tú, en lugar de estar correteando por la ciudad montando piquetes contra el ayuntamiento, deberías detenerte y averiguar qué hacen en esos países para resolver sus problemas. Por eso el hombre en el poder no quiere que tú y yo miremos más allá de Harlem, más allá de las costas de Estados Unidos. Mientras no sepas lo que ocurre en el exterior, estarás completamente confundido cuando tengas que bregar con ese hombre aquí en este país. Lo que quiero decir es que lo que emplean para resolver sus problemas no es el capitalismo. Lo que están empleando para resolver sus problemas en África y en Asia no es el capitalismo. Y nosotros debemos averiguar qué emplean para librarse de la pobreza y de todas las otras características negativas de una sociedad en ruinas.

África está situada de manera estratégica, geográficamente está entre Oriente y Occidente; es la propiedad más valiosa en la lucha entre Oriente y Occidente. No puedes viajar al Oriente, ni del Oriente al Occidente, sin pasar por África. Ahí está metida entre los dos. Se acurruca cómodamente en su nido entre Asia y Europa; está cerca de los dos. Los recursos naturales que se necesitan en Europa y que reciben de Asia no pueden llegar a Europa sin pasar alrededor de África, a través de África o por el canal de Suez que se encuentra en el extremo de África. Puede interceptar el pan de Europa. Puede noquear a Europa de un día para otro, sin más ni más. Porque está en una posición que le permite hacerlo; el continente africano está en una posición que le permite hacerlo. Pero quieren que tú y yo pensemos que África es una selva, sin valor, sin importancia. Porque saben también que si supieras lo valiosa que es, te darías cuenta de por qué allí están matando a nuestra gente. Y te darías cuenta de que no es por ningún motivo o ninguna razón humanitaria.

Además, África es importante como continente por su clima tropical. Su vegetación es tan espesa que se puede tomar cualquier parte de África, emplear métodos agrícolas modernos y convertir esa parte sola en el granero del mundo. Casi cualquiera de los países africanos podría alimentar solo al continente entero, si tan sólo tuviera acceso a la gente con el conocimiento técnico necesario para poner en práctica allí los métodos de la agricultura moderna. Es fértil. Una selva no es más que un lugar donde la vegetación es muy espesa. . . el suelo es tan fértil y el clima es tan bueno, que todo se puede cultivar, y no sólo por estaciones... puede cultivarse todo el tiempo. Siempre es la estación para producir. Eso quiere decir que ahí se puede cultivar cualquier cosa, se puede producir cualquier cosa.

A su riqueza y a su posición geográfica estratégica se añade el hecho de la existencia del canal de Suez y el estrecho de Gibraltar. Esos dos estrechos angostos pueden interceptar cualquier cosa, todo lo que Europa necesita. Todo el petróleo que hace funcionar a Europa pasa por el canal de Suez hacia el mar Mediterráneo, a lugares como Grecia e Italia y el sur de España y Francia y toda esa región; o pasando el estrecho de Gibraltar y enfilando hacia Inglaterra. Y ellos lo necesitan. Necesitan pasar por el canal de Suez. Cuando Nasser se apoderó de Suez, por poco se mueren en Europa. Les pegó un susto mortal... ¿por qué? Porque Egipto está en África, es más, Egipto está en África y en Asia. [...]

Antes de que se construyera el canal de Suez era un solo continente, realmente no podías diferenciar entre África y Asia. Era lo mismo. Cuando el presidente Nasser tomó el canal de Suez, por primera vez el canal de Suez quedó bajo la jurisdicción absoluta de una nación africana, y por lo tanto otras naciones tenían que bregar con esta nación africana si querían sobrevivir, si no querían que se les cortara el petróleo y otras fuentes de suministros. Esto tuvo un efecto inmediato en las actitudes europeas y en las medidas económicas europeas. Comenzaron a idear nuevos medios, nuevas rutas, para conseguir las cosas que necesitaban. El oro es otra de las razones por las que el continente es tan importante. Posee algunos de los yacimientos de oro más vastos del mundo, y de diamantes también. No sólo los diamantes que se ponen en el dedo o en la oreja, sino diamantes industriales, diamantes que se necesitan para hacer máquinas; máquinas que no pueden funcionar o no pueden moverse a menos que tengan estos diamantes. Estos diamantes industriales desempeñan un papel clave en toda la industrialización de las naciones europeas, y sin estos diamantes su industria se detendría.

Por lo general tú y yo conocemos los diamantes por los anillos, porque esos son los únicos diamantes que hemos visto, o porque son los únicos diamantes que nos imaginamos. No pensamos en términos de diamantes para otros usos. O pensamos en los diamantes del campo de béisbol, algunos de nosotros no pasamos de eso.

No sólo diamantes, sino también cobalto. El cobalto es uno de los minerales más valiosos hoy en el mundo, y creo que África es uno de los pocos lugares donde se puede conseguir. Lo usan en el tratamiento del cáncer, y lo usan en el campo de la energía nuclear del que tanto has oído hablar. Cobalto y uranio: los mayores yacimientos se encuentran allí en el continente africano. Y esto es lo que busca ese hombre. El hombre ése quiere que sólo te preocupes por una taza de café, mientras que él está allí en tu patria, apoderándose de minerales que son tan valiosos que hacen que el mundo dé vueltas. Y mientras tanto tú y yo andamos por aquí tratando de ganarnos el derecho de tomarnos un café al lado de un racista.

Es una de las fuentes más ricas de hierro y bauxita y madera e incluso petróleo, y la industria occidental necesita todos estos minerales para poder sobrevivir. Los industrialistas occidentales necesitan todos esos minerales naturales para que sus industrias sigan funcionando al ritmo de siempre. ¿Podemos comprobarlo? Sí. Sabes que Francia perdió sus posesiones en África; que Bélgica perdió el Congo; que Inglaterra perdió Nigeria y Ghana y otras áreas de habla inglesa; que Francia perdió Argelia, o, mejor dicho, que los argelinos se apoderaron de Argelia.

Tan pronto como estas potencias europeas perdieron sus posesiones africanas... Bélgica tuvo una crisis económica el mismo año en que puso en libertad al Congo. Tuvo que reajustar toda su economía, y sus métodos económicos tuvieron que rectificarse, porque había perdido posesión de la fuente de la mayoría de sus materias primas, materias primas que obtenía casi gratuitamente, casi sin precio y sin esfuerzo. Cuando llegó a una situación en la que ya no tenía acceso a estas materias primas gratuitas, eso afectó su economía. Afectó la economía francesa. Afectó la economía británica. Afectó tanto a todos esos países europeos que tuvieron que unirse y formar lo que se conoce como el Mercado

Común Europeo. Antes de eso, jamás se había oído nada acerca de un Mercado Común Europeo.

El Congo, por ser la entrada a África Sudoccidental, Rodesia del Sur, Basutolandia, Suazilandia y Sudáfrica, es un país en el continente africano que está situado tan estratégicamente desde el punto de vista geográfico que si cayera en manos de un verdadero nacionalista africano, éste podría permitir que soldados africanos se entrenaran en el Congo para invadir Angola. Cuando invadieran Angola, Angola tendría que caer, porque allí hay más africanos que portugueses, y ya no podrían seguir controlando a Angola. Y si el Congo cayera en buenas manos, que no fueran las de Tshombe, entonces caería Angola, caería Rodesia del Sur, caería África Sudoccidental y caería Sudáfrica. Y sólo así caerían.

Si cayeran esos países la economía europea quedaría despojada de su fuente de materias primas, recursos naturales, y algunos de los yacimientos minerales más ricos del mundo. Y sin libre acceso a esta riqueza, la economía de Europa no valdría ni dos centavos. Todos esos países europeos no serían más importantes que un país como Noruega, que está bien para los noruegos, pero que no tiene mayor influencia. No es más que otro país clavado en algún lugar en el norte, como Suecia y algunos de esos lugares. Todos los países europeos serían tan insignificantes como el país más pequeño e insignificante de Europa si perdieran el resto de África. Porque la parte de África que aún está colonizada es la parte del continente africano que aún respalda la economía europea. Y si la economía de Europa se hundiera más, eso barrería con la economía norteamericana. La economía norteamericana nunca puede ser más fuerte que la economía europea porque ambas son la misma cosa. Es una misma economía. Son hermanas.

Digo esto porque tú y yo necesitamos comprender lo que está en juego. No es posible comprender lo que ocurre en Misisipí sin comprender lo que ocurre en el Congo. Y no puedes estar verdaderamente interesado en lo que ocurre en Misisipí si además no estás interesado en lo que ocurre en el Congo. Son la misma cosa. Los mismos intereses están en juego. En el Congo se enfrentan los mismos intereses opuestos, funcionan los mismos planes que funcionan en Misisipí. Lo mismo está en juego; no hay ninguna diferencia. [...]

¿Qué sucede cuando estas naciones africanas empiezan a alcanzar una posición en la que pueden aumentar su propio poder e industrializarse? Significa que si ahora sólo son un mercado para las mercancías norteamericanas y los productos terminados de Estados Unidos, y un mercado para los productos terminados de Europa, cuando sean capaces de elaborar sus propios productos serán capaces de obtener sus productos más baratos, porque emplearán sus propias materias primas en los productos terminados. Ahora las materias primas se extraen de África, se transportan a Europa, se emplean para alimentar las máquinas de los europeos y para proporcionarles empleos, y después regresan y se las venden a los africanos como productos terminados. Pero cuando las naciones africanas estén industrializadas, podrán emplear sus propios productos, meterlos en las máquinas y convertirlos en lo que quieran. Entonces podrán vivir más barato. Todo el sistema será un sistema con un alto nivel de vida, pero un nivel de vida más barato.

Este nivel de vida automáticamente será una amenaza para el nivel de vida en Europa porque va a suprimir el mercado europeo. Las fábricas europeas no pueden producir a menos que tengan un mercado para vender sus productos. Las fábricas norteamericanas no pueden producir a menos que tengan un mercado para vender sus productos. Es por esta razón que las naciones europeas en el pasado han impedido que las naciones en América Latina y en África y en Asia se conviertan en potencias industriales. Limitan la maquinaria y la capacidad de producción y manufactura a Europa y a Estados Unidos. Esto permitió que Estados Unidos y los europeos pudieran controlar la economía de todas las otras naciones y someterlas a un bajo nivel de vida.

Esta gente está empezando a darse cuenta de eso. Los africanos lo ven, los latinoamericanos lo ven, los asiáticos lo ven. Por eso cuando los oímos hablar de libertad no están hablando de compartir una taza de café con un racista. No, están hablando de alcanzar una posición en la que puedan alimentarse y vestirse y hacer todas esas cosas que hacen que la vida valga la pena. Así es como tú y yo tenemos que entender la revolución mundial que está ocurriendo ahora mismo.

Cuando entiendes la razón que impulsa la revolución mundial, la motivación del africano y la motivación del asiático, entonces puedes sentir también un poco de esa motivación. Estarás realmente motivado. El hombre en el poder sabe muy bien la diferencia entre la lucha de verdad y la lucha que no es en serio. Mientras sigas pidiendo café, él no tiene que preocuparse por ti; te puede mandar a Brasil. [. . .]

Hoy día el poder es internacional, el poder verdadero es internacional; hoy el poder verdadero no es local. La única clase de poder que nos puede ayudar a ti y a mí es el poder internacional, no el poder local. Cualquier poder que sea local, si es poder verdadero, es sólo un reflejo o una parte de ese poder internacional. Si tú piensas que tienes poder, y ese poder no está vinculado de alguna manera a lo internacional, yo no me arriesgaría demasiado, hermano.

Si tu base de poder está sólo aquí, olvídate. Aquí no puedes construir una base de poder. Tienes que tener una base de poder entre tus hermanos y hermanas. Tienes que tener una base de poder entre la gente que tiene algo en común contigo. Tienes que tener cierta identidad cultural con ellos, o tienes que tener alguna relación con tu base de poder. Cuando construyes una base de poder en este país, la estás construyendo en un lugar donde no tienes ninguna relación con los cimientos donde la construyes. No, tienes que tener esa base de poder en otro lugar. Puedes trabajar aquí, pero mejor pon tu base de poder en otro lugar. No la pongas en manos de este hombre. Cualquier organización que tenga su base aquí no puede ser una organización efectiva. Si tienes potencial y lo basas aquí no va a darte resultados. Tu base y la mía tienen que estar en casa, y ésta no es nuestra casa.

Cuando vemos que las naciones africanas a nivel internacional integran el mayor organismo representativo y la mayor fuerza de cualquier continente, tú y yo estaríamos locos de remate si no nos identificáramos con ese bloque de poder. Estaríamos locos, nos traicionaríamos a nosotros mismos si tuviéramos temor o desconfianza de identificarnos con el pueblo con el que tenemos tanto en común. Si fuera un pueblo que no tuviera nada que ofrecer, nada que contribuir a nuestro bienestar, podrías justificarlo, aún cuando se parecieran a nosotros. Pero si tienes un pueblo idéntico y gemelo y aquí te están tratando a puntapiés, y todavía te da miedo o desconfías o dilatas en identificarte con él, entonces necesitas que te traten a puntapiés. Mereces todos los puntapiés que te propinen. [. . .]

Tú y yo necesitamos aprender cómo mantener una neutralidad positiva. Necesitamos aprender cómo ser no alineados. Si tú y yo estudiáramos la ciencia del no alineamiento, descubriríamos que el no alineamiento es más poderoso que el alineamiento. En este país es imposible estar alineado con ninguno de los dos partidos. Alinearse con uno de los dos partidos es suicidarse, porque ambos partidos son criminales. Ambos partidos son responsables de la situación criminal que existe. Por eso no puedes alinearte con un partido.

Lo que puedes hacer es inscribirte como elector para que tengas poder, potencial político. Si inscribes tu potencial político, quiere decir que llevas el arma cargada. Pero tener el arma cargada no quiere decir que debes disparar antes de ver una oportunidad que realmente te beneficie. Si quieres un pato, no dispares cuando veas un oso; espera hasta que veas un pato. Y si quieres un oso, no dispares cuando veas un pato; espera hasta que veas un oso. Espera hasta que veas lo que quieres, y entonces sí: ¡apunta y dispara!

Lo que ellos hacen contigo y conmigo es decirnos: "Inscríbete y vota". Nada de "inscríbete y vota". . . ¡simplemente inscríbete! Eso es lo más inteligente. Nada de inscríbete y vota. . . podrías votar por un idiota, podrías votar por un pillo, podrías votar por otro tipo que quisiera explotarte. "Inscribirse" significa colocarse en posición de tomar acción política en el momento, en el lugar y en la forma que nos beneficie a ti y a mí; estar situados para sacar ventaja de nuestra posición. Entonces estaremos en posición de hacer que se nos respete y que se nos reconozca. Pero tan pronto te inscribes y quieres ser demócrata o republicano, te estás alineando. Y una vez que estás alineado ya no puedes negociar —en absoluto—. Tenemos un programa que vamos a lanzar, que va a incluir la inscripción del mayor número posible de nuestra gente. Pero van a inscribirse como independientes. Y estar inscritos como independientes significa que podemos hacer lo que sea necesario, donde sea necesario y en el momento que sea necesario. ¿Comprendes? [. . .]

Como dije hoy —y probablemente vas a leer algo mañana en el periódico sobre eso; lo van a exagerar y tergiversar— lo que necesitamos aquí en este país (y lo creo con todo mi corazón, con toda mi inteligencia y con toda mi alma) es el mismo tipo de mau mau que tenían allá en Kenia. No te avergüences jamás de los mau mau. No hay por qué avergonzarse de ellos. Hay que estar orgullosos de ellos. Esos hermanos eran combatientes por la libertad. No sólo hermanos, también había hermanas allí. Conocí a muchos de ellos. Son valientes. Te abrazan y te besan. . . se alegran de verte. De hecho, si estuvieran aquí, rectificarían este problema en un instante.

Una vez leí un cuento, y los mau mau lo hicieron realidad. Leí una vez un cuento en que alguien le preguntaba a un grupo de gente cuántos querían la libertad. Todos levantaron la mano. Creo que había alrededor de 300. Entonces dijo: "Bien, ¿cuántos de ustedes están dispuestos a matar a todo el que se interponga en su camino hacia la libertad?" Unos 50 levantaron la mano. Y él les dijo a esos 50: "Párense aquí". Quedaron sentadas 250 personas que querían la libertad, pero que no estaban dispuestas a matar por ella. Entonces se dirigió a los 50 y les dijo: "Ustedes quieren la libertad y dijeron que matarían a todo el que se interpusiera en su camino. ¿Ven a esos 250? Primero los liquidan a ellos. Algunos son sus propios hermanos y hermanas y madres y padres. Pero son los que se interponen en el camino de su libertad. Ellos tienen miedo de hacer lo necesario para alcanzar la libertad y les impedirán a ustedes que lo hagan. Deshágonse de ellos y la libertad llegará naturalmente".

Esto me parece muy bien. Eso es lo que aprendieron los mau mau. Los mau mau se dieron cuenta que lo único que se interponía en el camino de la independencia del africano en Kenia era otro africano. Por eso comenzaron a liquidarlos uno a uno, a todos esos Toms. A uno tras otro, según iban encontrando otro tío Tom africano en el camino. Hoy son libres. El hombre blanco ni siquiera participó. . . se apartó del camino. Eso es lo que va a ocurrir aquí. Tenemos demasiados de los nuestros que se interponen en el camino. Todo les da miedo. Quieren aparecer como respetables tíos Tom. Quieren que el hombre blanco los admire como gente responsable. No quieren que él los clasifique como extremistas o violentos o irresponsables. Quieren esa buena imagen. Y nadie que se preocupe de su buena imagen será libre jamás. No, esa imagen no te pone en libertad. Tienes que agarrar algo en la mano y decir: "Miren, o ustedes o yo". Y te garantizo que entonces sí te dará la libertad. Dirá: "Este hombre está dispuesto a lo que sea". Repito: agarren algo en la mano. No voy a definir lo que quiero decir con "algo en la mano". Pero no es un plátano. [. . .]

Me doy cuenta que estoy diciendo cosas que quizás pueden meterme en líos, pero, hermanos, yo nací en medio del lío. Ni me preocupa el lío. Me interesa una sola cosa: la libertad, por todos los medios que sean necesarios.

**DISCUSIÓN CON JÓVENES LUCHADORES
POR LOS DERECHOS CIVILES, HARLEM, NUEVA YORK**

Aprende a ver, a escuchar y a razonar por tu propia cuenta

A fines de 1964 un grupo de 37 jóvenes negros procedentes de McComb, Misisipí, pasaron ocho días en la ciudad de Nueva York. El viaje de estudios fue patrocinado por la Coordinadora No Violenta de Estudiantes (SNCC) como premio por el notable trabajo que estos jóvenes habían desempeñado en la lucha por los derechos civiles en su ciudad. McComb fue uno de los centros donde, junto con otras batallas contra el sistema de segregación racial, se realizó una campaña masiva para inscribir como votantes a ciudadanos negros a quienes se les había negado el derecho de votar.

Los jóvenes de McComb asistieron a varios mítines y discusiones en Harlem. El 1 de enero de 1965 visitaron el hotel Theresa donde Malcolm X habló con ellos; los extractos que siguen son de ese encuentro.

[...] Pienso que una de las primeras cosas que deben aprender a hacer los jóvenes, especialmente ahora, es ver con sus propios ojos, escuchar por su propia cuenta y razonar por su propia cuenta. Así puedes llegar a una decisión inteligente por tu propia cuenta. Si te acostumbras a aceptar lo que dicen los demás de una persona, o te acostumbras a aceptar lo que piensan los demás de alguien, en lugar de investigarlo tú mismo y cerciorarte tú mismo, vas a pensar que caminas hacia el oeste cuando vas en dirección este, o vas a pensar que caminas hacia el este cuando en realidad te diriges al oeste. Esta generación, especialmente de nuestro pueblo, tiene un pesado fardo que cargar, más que en cualquier otra época de nuestra historia. Lo más importante que podemos aprender hoy en día es cómo pensar por nuestra cuenta.

Es bueno escuchar con la mente abierta todo lo que dicen los demás, pero cuando es hora de tomar una decisión, tienes que sopesar todo lo que has oído según el mérito de cada cosa y darle el lugar que le corresponde, y tomar una decisión tú mismo; nunca te vas a arrepentir. Pero si te acostumbras a aceptar lo que dicen los demás sin cerciorarte tú mismo de la verdad, vas a dejar que otra gente te haga odiar a tus amigos y te haga amar a tus enemigos. Ésta es una de las cosas que nuestro pueblo está aprendiendo hoy en día: que es muy importante en cualquier situación analizar las cosas por cuenta propia. Porque si no lo haces, siempre te van a manipular para que en realidad... nunca vas a luchar contra tus verdaderos enemigos, sino que vas a terminar peleando contra ti mismo.

Y creo que nuestro pueblo en este país es uno de los mejores ejemplos de lo que estoy diciendo. Muchos de nosotros queremos ser no violentos y hablamos mucho de la no violencia. Aquí en Harlem, donde probablemente hay más negros concentrados en un solo lugar que en cualquier otra parte del mundo, algunos también hablan de la no violencia. Pero vemos que no son no violentos entre sí. Puedes ir al hospital de Harlem, donde hay más pacientes negros que en cualquier otro hospital del mundo, y puedes verlos llegar con cuchilladas y heridas de bala y descalabrados porque se violentaron unos con otros.

La experiencia que tengo es que en muchas ocasiones, cuando conoces a negros que hablan de la no violencia, no actúan de una manera no violenta entre sí, no se aman unos a otros, ni se perdonan unos a otros. Por lo general cuando dicen que son no violentos, quieren decir que son no violentos con otra gente. Creo que comprenden lo que quiero decir. Son no violentos con el enemigo.

Un individuo puede llegar a tu casa, y si es blanco y quiere actuar de una forma brutal contigo, tú eres no violento; o te pone una soga al cuello y eres no violento; o puede venir a agarrar a tu propio padre y ponerle una soga al cuello, y tú eres no violento. Pero si otro negro hace una pataleta, en un segundo armas una bronca con él. Lo que te demuestra que hay una contradicción.

Yo mismo aceptaría la no violencia si fuera consecuente, si fuera inteligente, si todos fuéramos no violentos, si siempre fuéramos no violentos. Diría: muy bien, todos juntos, todos vamos a ser no violentos. Pero nunca voy a aceptar —y simplemente estoy diciendo lo que pienso—, nunca voy a aceptar la no violencia de ninguna clase a menos que todo el mundo sea no violento. Si hacen que el Ku Klux Klan sea no violento, yo seré no violento. Si hacen que el Consejo de Ciudadanos Blancos sea no violento, yo seré no violento. Pero mientras haya quien se niegue a ser no violento, no quiero que me vengan a hablar de la no violencia. No creo que sea justo decirle a nuestro pueblo que sea no violento, a menos que alguien haga que el Klan y el Consejo de Ciudadanos y esos otros grupos también sean no violentos.

Ahora bien, aquí no estoy criticando a nadie que sea no violento. Creo que cada quien debe hacer lo que considere mejor, y felicito a todo el que pueda ser no violento ante todos esos eventos en esa parte del mundo, de los que tanto he leído. No creo que en 1965 vayas a observar que la nueva generación de nuestro pueblo, especialmente los que han estado pensando un poco, acepte la no violencia a menos que la no violencia sea practicada universalmente.

Si los líderes del movimiento de la no violencia pueden entrar a la comunidad blanca y predicar la no violencia, excelente. No me opongo a eso. Pero mientras los vea predicando la no violencia sólo en la comunidad negra, eso sí no lo podemos aceptar. Creemos en la igualdad, y la igualdad significa que tienes que hacer aquí lo mismo que haces allá. Y si los negros van a ser los únicos que son no violentos, entonces no es justo. Estaríamos bajando la guardia. En realidad, quedaríamos desarmados e indefensos. [...]

En mi opinión el mayor logro alcanzado en la lucha del hombre negro en Estados Unidos en 1964, que pueda llevar a un progreso verdadero, fue la exitosa vinculación de nuestro problema con el problema africano; el haber hecho de nuestro problema un problema mundial. Porque ahora, cuando algo te suceda en Misisipí, no se va a indignar alguien solamente en Alabama o en Nueva York. Ahora, cuando algo suceda en Misisipí, la atención de los gobiernos de las naciones africanas se concentrará en Misisipí, y las mismas repercusiones que ves en todo el mundo cuando una potencia imperialista o extranjera interfiere en alguna parte de África —ves las repercusiones, ves como se bombardean y se incendian y se tumban las embajadas—, ahora cuando le suceda algo al pueblo negro en Misisipí verás las mismas repercusiones en todo el mundo.

Quería señalarles esto porque es importante que sepan que cuando están en Misisipí no están solos. Porque mientras pienses que estás solo vas a actuar como si fueras una minoría o como si alguien te tuviera abrumado, y esa actitud jamás te va a permitir ganar una batalla. Tienes que saber que tienes tanto poder de tu parte como el Ku Klux Klan tiene de la suya. Y cuando sepas que tienes tanto poder de tu parte como el Klan tiene de la suya, usarás el mismo lenguaje con el Klan que el Klan usa contigo. [...]

Creo que verás que en 1965 —te guste o no te guste, me guste o no me guste, nos guste o no nos guste, les guste o no les guste— hay una generación de negros que ha madurado hasta el punto de considerar que no va a tolerar que le pidan que tome una actitud pacífica que no toma nadie más; a menos que todo el mundo tome la misma actitud pacífica.

Por eso nosotros aquí, en la Organización de la Unidad Afro-Americana, apoyamos la lucha en Misisipí en un mil por ciento. Apoyamos los esfuerzos por inscribir como electores a nuestra gente en Misisipí en un mil por ciento. Pero no aceptamos que nadie nos diga que tenemos que ayudar de una forma no violenta. Consideramos que si el gobierno dice que los negros tienen derecho a votar, y los negros salen a votar, y alguna especie de Ku Klux Klan quiere ahogarlos en el río, y el gobierno no hace nada al respecto, es hora de organizarnos y unirnos y equiparnos y prepararnos para protegernos nosotros mismos. [*Aplausos*] Y si sabes protegerte no tienes que preocuparte de que te lastimen. Eso es todo. [*Aplausos*]

(*Durante el periodo de discusión*)

Y si ustedes no tienen bastante gente para hacerlo, iremos a ayudarlos. Porque estamos hartos de cómo ignoran siempre a nuestro pueblo en este país. Durante mucho tiempo me acusaron de no participar en la política. Deberían regocijarse de que no haya participado en la política, porque en todo asunto en que yo participo, me meto hasta el final. Si dicen que no participamos en la lucha de Misisipí, organizaremos a hermanos aquí, en Nueva York, que saben cómo manejar esta clase de asuntos, y entrarán inadvertidos en Misisipí como Jesús entró en Jerusalén. [*Risas y aplausos*]

Eso no quiere decir que estamos en contra de los blancos, pero sí estamos en contra del Ku Klux Klan y en contra de los Consejos de Ciudadanos Blancos; y también estamos en contra de todo lo que aparente estar en contra nuestro.

Perdonen que levante la voz, pero esto me saca de quicio. Imagínate, un país que supuestamente es una democracia, que supuestamente está a favor de la libertad y todo eso que te dicen cuando quieren reclutarte y meterte al ejército y enviarte a Saigón para que pelees por ellos. Y después tienes que regresar y discutir toda la noche cómo vas a conseguir el derecho a inscribirte y a votar sin que te asesinen. ¡Ésa es la mentira más hipócrita que haya inventado un gobierno en la historia del mundo! [. . .]

Es bueno cualquier esfuerzo por parte de cualquier grupo que logre que nuestro pueblo se inscriba en el estado de Misisipí. Lo único que critico es que envíen a gente al frente contra enemigos muy bien armados y le digan: "No peleen". Eso es una locura. No puedo aceptarlo. No.

Cuando fueron asesinados allí esos tres hermanos fue una lástima, fue una lástima cómo los grupos pro derechos civiles lo aceptaron tan a la ligera. Casi no ha ocurrido nada. Les dicen a todos que sean pacientes, amorosos y sacrificados cuando tienen al mundo entero de su parte. Si reaccionaras furiosamente en

Misisipí nadie podría criticarte por eso. Porque todo el mundo sabe que esa gente es de la peor calaña.

Así que apoyamos esos esfuerzos, pero no aceptamos la idea de mandar a gente al frente y decirle que no se proteja. No. Y luego, cuando matan a uno de tus soldados, te dicen que debes seguir amando de todas maneras. No, eso no puedo aceptarlo.

Eso fue lo que dividió al movimiento de los musulmanes. Eso provocó la escisión en el movimiento de los Musulmanes Negros. Unos hermanos nuestros fueron lastimados y no se hizo nada al respecto. No se nos permitió hacer nada a los que queríamos hacer algo.[22] Entonces nos escindimos. [. . .]

Espero que no crean que estoy tratando de incitarlos. Pero dénse cuenta, mírense en el espejo. Algunos de ustedes son adolescentes, estudiantes. Pertenezco a la generación anterior a la de ustedes: ¿Cómo creen que me siento cuando tengo que decirles: "Nosotros, mi generación, nos la pasamos sentados como un pegote en la pared mientras el mundo entero luchaba por sus derechos humanos, y a ustedes les toca nacer en una sociedad donde todavía tienen esa misma lucha por delante?" ¿Qué hicimos nosotros, los que llegamos antes que ustedes? Les voy a decir lo que hicimos: nada. No vayan a cometer el mismo error. [. . .]

Logras tu libertad cuando le haces saber a tu enemigo que harás cualquier cosa por lograrla; entonces sí vas a lograr tu libertad. Es la única manera en que vas a lograrla. Cuando tengas esa actitud dirán que eres un negro loco, o te llamarán un *nigger* loco, porque no dicen negro. O te llamarán un extremista o un subversivo, o sedicioso o rojo o radical. Pero si sigues siendo radical el tiempo suficiente, y convences a bastante gente de que sea como tú, entonces sí lograrás tu libertad. [. . .]

MILITANT LABOR FORUM, NUEVA YORK

Perspectivas para la libertad en 1965

Unas 600 personas escucharon a Malcolm X en este mitin público en el anfiteatro Palm Gardens en Nueva York.

Como en muchos otros de sus discursos en esa época, Malcolm habla de la intervención del gobierno de Estados Unidos contra el movimiento de liberación nacional en el Congo (hoy Zaire). Entre 1956 y 1964 unas 30 colonias africanas ganaron su independencia política. El Congo declaró su independencia de Bélgica en junio de 1960 y Patrice Lumumba encabezó su primer gobierno independiente.

Estados Unidos y sus aliados inmediatamente intentaron desestabilizar el gobierno de Lumumba, enviando soldados belgas y de Naciones Unidas a la capital. También apoyaron un régimen proimperialista encabezado por Moise Tshombe que se estableció en la provincia sureña de Katanga, declarándose independiente. Para fines de 1960 las fuerzas intervencionistas, dirigidas por Estados Unidos, lograron ganarse una facción del gobierno congolés y el primer ministro fue derrocado. Poco después Lumumba fue arrestado y entregado a las fuerzas de Tshombe, que lo asesinaron en enero de 1961.

Un comité del Senado de Estados Unidos, al realizar una investigación en 1975 sobre las actividades de la CIA, llegó a la conclusión de que Allen Dulles, el director de la CIA durante esos años, había ordenado el asesinato de Lumumba. El informe dijo que la conclusión de que Dulles actuó bajo órdenes de la Casa Blanca era una "deducción razonable".

En 1964 Tshombe fue instalado como primer ministro del gobierno central del Congo. Los seguidores de Lumumba dirigieron una rebelión contra ese régimen, pero fueron aplastados con ayuda de tropas belgas y mercenarios. Más tarde el gobierno de Estados Unidos admitió que aviones y pilotos norte-americanos "contratados" por el régimen de Tshombe habían participado en el operativo. Para justificar su intervención Washington montó una gran campaña de propaganda sobre los "rehenes blancos" que habían sido capturados por las fuerzas de liberación.

Aquí presentamos extractos importantes de esa charla.

Señor moderador (quien además es uno de mis hermanos), señoras y señores, hermanos y hermanas:

Es para mi un honor regresar esta tarde al Militant Labor Forum. Vengo aquí por tercera vez. Hace unos momentos le decía yo a mi hermano que probablemente mañana la prensa tratará de presentar esta pequeña charla como si hubiese tenido lugar en Pekín o en algún sitio semejante. Tienen la tendencia de descolorar las cosas de esa manera para tratar de hacer que el público no le dé la importancia debida a lo que oye, especialmente cuando lo oye de personas que ellos no pueden controlar o —como señalaba mi hermano— de personas que consideran "irresponsables".

Es la tercera vez que tengo la oportunidad de ser invitado al Militant Labor Forum. Siempre siento que es un honor y cada vez que me abran la puerta, aquí estaré. El periódico *The Militant* es uno de los mejores en la ciudad de Nueva York. De hecho, es uno de los mejores que existen en cualquier lado, porque dondequiera que voy lo veo, no importa adónde vaya. Hasta lo vi en París hace como un mes; allá se estaba leyendo. Y lo vi en ciertas partes de África donde estuve en el verano. No sé cómo llega. Pero si uno le da el contenido correcto, ese contenido garantiza que se difunda. [. . .]

En 1964, los oprimidos de todo el mundo, en África, en Asia y en América Latina, en el Caribe, progresaron un poco. Rodesia del Norte se sacudió el yugo del colonialismo y se convirtió en Zambia y fue aceptada en Naciones Unidas, la sociedad de los gobiernos independientes. Nyassalandia se convirtió en Malawi y fue también aceptada en la ONU, en la familia de los gobiernos inde-

pendientes. Zanzíbar tuvo una revolución, expulsó a los colonialistas y a sus lacayos y luego se unió a Tangañica para crear lo que
hoy se conoce con el nombre de República de Tanzania, lo cual, sin
duda, es progreso. [. . .]

También en 1964 el pueblo oprimido de Vietnam del Sur y toda
esa zona del Sudeste asiático logró repeler a los agentes del imperialismo. Todos los caballos del rey y todos los peones del rey han
sido incapaces de unir a Vietnam del Norte y a Vietnam del Sur.
Pequeños labradores del arroz, campesinos, con un fusil, enfren-
tándose a ese equipo bélico altamente mecanizado: aviones de
reacción, napalm, buques de guerra, todo lo demás. Y no pueden
hacer retroceder a esos labradores de arroz. Alguien está despertando.

En el Congo, en la República Popular del Congo, con cuartel
general en Stanleyville, se realizó una guerra por la libertad contra
Tshombe, quien es agente del imperialismo occidental. Y cuando
digo imperialismo occidental me refiero al que tiene su cuartel
general en Estados Unidos, en el Departamento de Estado.

En 1964 este gobierno, subsidiando a Tshombe —el asesino de
Lumumba— y a los mercenarios de Tshombe, alquiló a matones
de Sudáfrica y junto con la anterior potencia colonial, Bélgica,
mandó tropas paracaidistas contra el pueblo congolés. Mandó a
cubanos, que ellos habían entrenado, a arrojar bombas sobre el
pueblo congolés desde aviones de fabricación estadunidense, pero
no tuvieron éxito. La lucha continúa y el hombre apoyado por
Estados Unidos, Tshombe, sigue perdiendo.

Todo esto sucedió en 1964. Ahora bien, que yo hable así no
significa que esté en contra de Estados Unidos. No lo estoy. No
estoy en contra de Estados Unidos ni tampoco soy antinorteamericano. Y no lo digo por defenderme. Porque si lo fuera tendría
derecho a serlo, después de lo que Estados Unidos nos ha hecho.
Este gobierno debería sentirse afortunado de que nuestro pueblo
no es antinorteamericano. Deberían ponerse de rodillas y hacer
reverencias todas las mañanas en acción de gracias porque estos
22 millones de negros no se han vuelto antinorteamericanos. Nos
han dado todo el derecho de serlo. El mundo entero se colocaría

de nuestro lado si nos volviéramos antinorteamericanos. Valdría la pena tener eso en cuenta.

Pero no somos antinorteamericanos. Somos anti. . . estamos en contra de las maldades que comete Estados Unidos en otras partes del mundo, lo mismo que aquí. Y lo que hizo en el Congo en 1964 está mal, es criminal, criminal. Y lo que le hizo al público norteamericano, para que el público norteamericano aceptara eso, es criminal. Lo que está haciendo en Vietnam del Sur es criminal. Está haciendo asesinar diariamente a soldados norteamericanos, los está haciendo matar diariamente, morir diariamente, sin ninguna razón. Eso está mal. Ahora bien, se supone que el patriotismo no debe cegarte tanto que no puedas enfrentar la realidad. Lo que está mal, está mal; no importa quién lo haga ni quién lo diga. [. . .]

También en 1964 China hizo estallar su bomba, lo cual fue un gran avance científico para el pueblo oprimido de China, que padeció durante mucho tiempo. Y yo sí me alegré mucho al oír que el gran pueblo chino pudo demostrar su adelanto científico, su conocimiento avanzado de la ciencia, hasta tal grado que pudiera producir una bomba atómica, un país que según Estados Unidos es tan retrógrado y tan pobre y tan atrasado con respecto a los demás. Caramba, tenía que maravillarme aquello. Me hizo comprender que un pueblo pobre puede hacerlo igual que los pueblos ricos.

Así pues, todos estos pequeños adelantos los lograron los pueblos oprimidos en otras partes del mundo durante 1964. Estos fueron logros tangibles, y fueron capaces de alcanzarlos porque comprendieron que la palabra mágica era la fuerza: la fuerza contra la fuerza. La fuerza en defensa de la libertad es mayor que la fuerza que defiende la tiranía y la opresión, porque la fuerza, la verdadera fuerza, emana de la convicción que produce la acción, la acción intransigente. También produce la insurrección contra la opresión. Ésta es la única manera de acabar con la opresión: con la fuerza. [. . .]

Aunque a comienzos de 1964 nos dijeron que nuestros derechos políticos serían ampliados, fue en 1964 cuando los dos blancos y el negro que trabajaban por los derechos civiles fueron asesinados. Estaban tratando de mostrarle a nuestra gente en Misisipí cómo inscribirse para votar. Ése fue su crimen. Ésa fue la razón de su asesinato.

Y la parte más lamentable de su asesinato fue que las propias organizaciones defensoras de los derechos civiles fueran tan gallinas que no reaccionaron como deberían de haber reaccionado ante el asesinato de esos tres luchadores por los derechos civiles. Los grupos pro derechos civiles vendieron a esos tres hermanos; los vendieron. Porque ellos murieron y ¿qué se ha hecho al respecto? ¿Y qué voz se alza todos los días para hablar del asesinato de esos tres luchadores por los derechos civiles? [. . .]

Por eso digo que si *nosotros* nos metemos en el movimiento por los derechos civiles y vamos a Misisipí o a cualquier otro lugar a ayudar a nuestro pueblo a que se inscriba para votar, *tenemos la intención de ir preparados.* No tenemos la intención de violar la ley, pero cuando uno trata de inscribirse para votar está acatando la ley. El que está violando la ley es el que trata de impedirle a uno inscribirse para votar y uno tiene derecho a protegerse por todos los medios que sean necesarios. Y si el gobierno no quiere que los grupos pro derechos civiles vayan equipados, el gobierno debería cumplir con su deber.

En cuanto al incidente en Harlem durante el verano cuando los ciudadanos de Harlem fueron atacados en un pogromo (no puedo pronunciar esa palabra porque no es mía): mucho antes de que ocurriera ya habíamos oído que iba a ocurrir.[23] Nos habían avisado que existían elementos de la estructura del poder que iban a incitar algo en Harlem que pudieran describir como motín, para luego poder intervenir y justificar el uso de cualquier medida que juzgaran necesaria para aplastar a los grupos militantes que todavía consideraban embrionarios.

Y al darse cuenta de la existencia de un plan para instigar un incidente en Harlem que pudieran usar para intervenir y aplastarlo, había en Harlem elementos preparados y cualificados y equipados para responder en situaciones como ésa, pero que conscientemente no se dejaron arrastrar. Y el verdadero milagro de ese estallido en Harlem fue la moderación que manifestó la población de Harlem. El milagro de 1964, lo voy a decir ahora abiertamente, el milagro de 1964 durante los incidentes que ocurrieron en Harlem fue el autocontrol que demostró la gente en Harlem que estaba preparada y equipada y todo lo demás para protegerse de ataques ilegales e inmorales e injustos.

Cualquiera puede lanzar contra ti un ataque ilegal, un ataque injusto y un ataque inmoral. El mero hecho de que una persona vista un uniforme no le da derecho de venir a tirotearte todo el barrio. No, eso no está bien; y yo planteo que mientras la jefatura de policía no utilice esos métodos en los barrios blancos, que tampoco venga a Harlem a usarlos en nuestro barrio.

Yo no estaba allí. Me alegro de no haber estado allí. Porque estaría muerto, me habrían tenido que matar. Hubiera preferido morir antes de permitirle a nadie andar tiroteando mi casa y mi barrio, donde mis hijos estuvieran en la línea de fuego. Habrían muerto ellos o habría muerto yo.

No es una actitud inteligente. Y todo empezó cuando un niño fue asesinado por un policía; soltaron al policía como también soltaron al sheriff de Misisipí que asesinó a los tres defensores de los derechos civiles. [...]

Entonces señalo que 1964 no fue el gran Año de la Esperanza como prometieron en enero de ese año. La sangre corrió por las calles de Harlem, de Filadelfia, de Rochester, de ciertas partes en Nueva Jersey y de otros lugares. En 1965 correrá aún más sangre. Más de lo que nunca se hayan imaginado. Correrá en el sur de la ciudad y en el norte de la ciudad. ¿Por qué? ¿Por qué correrá? ¿Acaso han sido eliminadas las causas que hicieron que corriera en 1964? ¿Acaso han sido eliminadas las causas que hicieron que corriera en 1963? Las causas existen todavía. [...]

En 1964, el 97 por ciento de los votantes negros apoyaron a Lyndon B. Johnson, a Hubert Humphrey y al Partido Demócrata. ¡El 97 por ciento! En la historia del mundo ningún grupo minoritario ha dado tanto apoyo incondicional a un candidato y a un partido. Ningún pueblo, ningún grupo ha apoyado tan íntegramente a un partido y a su candidato como lo hizo el pueblo negro de Estados Unidos en 1964. [. . .]

¿Y cuál fue el primer acto del Partido Demócrata y de Lyndon B. Johnson en 1965? Llegaron a Washington los representantes blancos del estado de Misisipí que habían rehusado apoyar a Johnson, y el pueblo negro de Misisipí envió también a sus representantes a impugnar el derecho de aquellos otros individuos a representar el estado. ¿Y qué dijo Johnson? ¡Nada! ¿Qué dijo Humphrey? ¡Nada! ¿Qué dijo el niño bonito Robert Kennedy? ¡Nada! ¡Nada! ¡Ni una sola palabra! Éstos son los que el pueblo negro ha apoyado. Éste es el partido que han apoyado.[24] [. . .]

Hay que entender la frustración que sintieron estos representantes negros de Misisipí cuando llegaron el otro día a Washington pensando, pues, que la Gran Sociedad[25] los iba a incluir, y vieron la puerta cerrarse en sus narices. Eso les hace pensar. Eso les hace comprender lo que enfrentan. Este tipo de frustración es lo que engendró a los mau mau. Vieron que sin el poder no se le puede hacer frente al poder. Se necesita poder para lograr que el poder te respete. Es casi una locura tratar con una estructura del poder que es tan corrupta, tan corrupta.

Por eso en 1965 anticipamos mucha acción. Ya que los métodos viejos no han funcionado, será necesario intentar métodos nuevos. [. . .]

ENTREVISTA CON EL 'YOUNG SOCIALIST'

El sistema norteamericano de explotación y opresión

La siguiente entrevista fue concedida a Jack Barnes y Barry Sheppard, dirigentes de la Alianza de la Juventud Socialista. Malcolm X leyó y aprobó el texto final, que se publicó en el periódico *Young Socialist* (Joven socialista) en su edición de marzo-abril de 1965.

—*¿Cómo lo ha descrito a usted la prensa?*

—Muy hábil y conscientemente la prensa me ha pintado como un racista, un partidario de la supremacía racial y un extremista.

—*¿Por qué es falsa esa imagen? ¿Cuáles son sus verdaderas posiciones?*

—En primer lugar, no soy racista. Estoy en contra de cualquier forma de racismo y segregación, de cualquier forma de discriminación. Creo en los seres humanos, y creo que todos los seres humanos merecen el mismo respeto sin importar el color de su piel.

—*¿Por qué rompió usted con los Musulmanes Negros?*

—No rompí, hubo una escisión. La escisión se produjo principalmente porque me echaron, y me echaron por tomar una posición intransigente ante los problemas que, desde mi punto de vista, debían resolverse y que el movimiento podía resolver.

Yo opinaba que el movimiento reaccionaba muy despacio frente a muchas cuestiones. No estaba involucrado en las luchas civiles, cívicas o políticas de nuestro pueblo. Lo único que hacía era enfatizar la importancia de la reforma moral: no bebas, no fumes, no permitas la fornicación y el adulterio. Cuando descubrí que los jerarcas no ponían en práctica lo que ellos mismos predicaban, vi con claridad que ese aspecto de su programa no tenía credibilidad alguna.[26]

Así pues, la única manera de funcionar que tendría significado en la comunidad era tomar parte en los aspectos políticos y económicos de la lucha negra. Y la organización no estaba dispuesta a hacerlo porque entonces habría que asumir una actitud combativa, intransigente y activista, y los jerarcas se habían vuelto conservadores. Actuaban principalmente para proteger sus propios intereses.

Debo señalar también que, aunque los Musulmanes Negros decían ser un grupo religioso, la religión que habían adoptado —el islam— no los reconocía. Por lo tanto, desde el punto de vista de la religión se encontraban en un vacío. Y no participaban en la política, así que no era un grupo político. Si una organización no es ni política ni religiosa y además se abstiene de luchar por los derechos civiles ¿cómo se va a llamar? Existe en un vacío. Todos estos factores me llevaron a separarme de la organización.

—*¿Cuáles son los objetivos de su nueva organización?*

—Hay dos organizaciones. La Mezquita Musulmana, Inc., es religiosa. Su finalidad es crear el ambiente y las posibilidades para que la gente que se interesa en el islam lo pueda entender mejor. La meta de la otra organización, la Organización de la Unidad Afro-Americana, es hacer surgir una sociedad donde los 22 millones de afroamericanos sean reconocidos y respetados como seres humanos, utilizando todos los medios que sean necesarios.

—*¿Cómo define usted el nacionalismo negro, con el cual se le ha identificado?*

—Solía definir el nacionalismo negro como la idea de que el hombre negro debe manejar la economía de su comunidad, la política de su comunidad, etcétera.

Pero en mayo, cuando me encontraba en Ghana, hablé con el

embajador de Argelia, un militante decidido, un revolucionario en el verdadero sentido de la palabra (lo que ha demostrado con creces al dirigir en su país una revolución victoriosa contra la opresión). Cuando le dije que mi filosofía económica, social y política era el nacionalismo negro, me preguntó con franqueza: "Bueno, ¿y dónde me sitúas a mí?" Porque él era blanco. Él era africano, de Argelia, y por su apariencia era un hombre blanco. Y me dijo que si yo definía mi objetivo como la victoria del nacionalismo negro, ¿dónde lo dejaba eso a él? ¿Dónde situaba a los revolucionarios de Marruecos, Egipto, Irak, Mauritania? Y me demostró que yo enajenaba a gente que era verdaderamente revolucionaria, dedicada a derrocar, por todos los medios necesarios, el sistema de explotación que prevalece en este mundo.

Eso me obligó a pensar y a reevaluar bastante mi definición del nacionalismo negro. ¿Podemos decir que el nacionalismo negro comprende la solución de todos los problemas que enfrenta nuestro pueblo? Y si se han percatado no he utilizado esa expresión desde hace varios meses. Pero todavía me costaría mucho trabajo si tuviera que dar una definición específica de la filosofía fundamental que yo creo que es necesaria para la liberación del pueblo negro en este país.

—*¿Es verdad, como se afirma con frecuencia, que usted favorece la violencia?*

—No favorezco la violencia. Si pudiéramos obtener el reconocimiento y el respeto para nuestro pueblo por medios pacíficos, tanto mejor. A todo el mundo le gustaría alcanzar sus objetivos pacíficamente. Pero también soy realista. Los únicos en este país a quienes se les pide ser no violentos son los negros. Nunca he oído de nadie que vaya con los del Ku Klux Klan, con los de la John Birch Society y demás elementos de extrema derecha, para enseñarles a ser no violentos. Sólo al negro norteamericano se le predica la no violencia. Y no estoy de acuerdo con los que quieren enseñarle a nuestro pueblo a ser no violento mientras no eduquen al mismo tiempo a nuestros enemigos a ser no violentos. Pienso que debemos protegernos por todos los medios que sean necesarios cuando los racistas nos atacan.

—*¿Cuál es, en su opinión, la causa del prejuicio racial en Estados Unidos?*

—La ignorancia y la codicia. Y un programa de educación tergiversada, muy hábilmente diseñado, que encaja muy bien con el sistema norteamericano de explotación y opresión.

Si toda la población norteamericana tuviera una educación correcta —o sea, un cuadro verdadero de la historia y las aportaciones del hombre negro— creo que muchos blancos serían menos racistas en sus sentimientos. Le tendrían mayor respeto al hombre negro como ser humano. Los sentimientos de superioridad del blanco serían anulados, al menos parcialmente, si conociera las aportaciones del hombre negro a la ciencia y a la civilización. Además, el sentimiento de inferioridad del negro sería reemplazado por un conocimento íntegro de sí mismo. Se sentiría más como un ser humano. Actuaría más como un ser humano en una sociedad de seres humanos.

Se necesita educación para eliminar todo eso. Y el simple hecho de que haya universidades no significa que tengamos educación. En el sistema pedagógico norteamericano las universidades se han utilizado diestramente para inculcar una enseñanza tergiversada.

—*¿Cuáles fueron los momentos culminantes de su viaje a África?*

— Visité Egipto, Arabia, Kuwait, Líbano, Sudán, Etiopía, Kenia, Tangañica, Zanzíbar (ahora Tanzania), Nigeria, Ghana, Liberia, Guinea y Argelia. Durante ese viaje tuve entrevistas con el presidente Nasser de Egipto, el presidente Nyerere de Tanzania, el presidente Jomo Kenyatta (entonces primer ministro) de Kenia, el primer ministro Milton Obote de Uganda, el presidente Azikiwe de Nigeria, el presidente Nkrumah de Ghana y el presidente Sékou Touré de Guinea. Para mí, los momentos culminantes fueron las entrevistas con estas personas porque tuve la oportunidad de examinar su pensamiento. Me impresionaron con su análisis del problema y muchas de sus sugerencias contribuyeron en gran medida a la ampliación de mi propia perspectiva.

—*¿Qué influencia tiene África revolucionaria en el pensamiento del pueblo negro en este país?*

—Toda la influencia imaginable. No se puede separar la combatividad en el continente africano de la combatividad de los negros norteamericanos. Se está forjando una imagen positiva de los africanos y esa imagen, al darse también en la mente del negro norteamericano, lo conduce a una imagen más positiva de sí mismo. Después toman pasos más positivos: actúan.

No se puede separar la revolución africana del estado de ánimo del negro en Estados Unidos. Ni se puede separar la colonización de África de la posición servil con la que se contentó el negro norteamericano por tanto tiempo. Ahora que África ganó su independencia por medios revolucionarios, se escucha en la comunidad negra un grito más fuerte de protesta contra la discriminación.

—*¿Cómo evalúa usted el papel de Estados Unidos en el Congo?*

—Ha sido un papel criminal. Probablemente el mejor ejemplo de actividad criminal contra un pueblo oprimido sea la intervención de Estados Unidos en el Congo, a través de sus lazos con Tshombe y los mercenarios. No se puede ignorar el hecho de que Tshombe recibe su dinero de Estados Unidos. El dinero que él utiliza para contratar a esos mercenarios —esos asesinos a sueldo importados de Sudáfrica— viene de Estados Unidos. Los pilotos que tripulan esos aviones han sido entrenados por Estados Unidos. Las mismas bombas que destruyen a mujeres y a niños vienen de Estados Unidos. Por eso sólo puedo juzgar como criminal el papel de Estados Unidos en el Congo. Y pienso que tendrá que cosechar los resultados de las semillas que está sembrando en el Congo. Tarde o temprano lo que ha desencadenado le causará problemas.

—*¿Y el papel de Estados Unidos en Vietnam del Sur?*

—La misma cosa. Muestra la verdadera ignorancia de los que controlan la estructura del poder en Estados Unidos. Si Francia, que con todo tipo de armamentos pesados y tan fuertemente atrincherada en lo que se conocía como Indochina no pudo quedarse, no veo cómo alguien que esté en sus cabales piense que Estados Unidos puede meterse; es imposible. Eso revela su ignorancia, su ceguera, y su falta de previsión y de retrospección. Su derrota absoluta en Vietnam del Sur es sólo cuestión de tiempo.

—*¿Qué piensa usted de la iniciativa de los estudiantes blancos y*

negros que fueron al Sur durante el verano pasado e intentaron
inscribir a los negros para votar?

—El intento fue bueno; y fue buena la idea de inscribir a los
negros en el Sur porque la única fuerza real que tiene un hombre
pobre en este país es la de su voto. Pero no creo que sea muy inteligente mandarlos allí y recomendarles que sean no violentos.
Estoy de acuerdo con el esfuerzo por inscribirlos, pero pienso que
se les debería permitir defenderse de los ataques del Ku Klux Klan,
del Consejo de Ciudadanos Blancos y de otros grupos por todos
los medios que estén a su alcance.

—*¿Qué piensa usted del asesinato de los tres jóvenes activistas por*
los derechos civiles y de lo que ha ocurrido con sus asesinos?

—El hecho demuestra que la sociedad en la que vivimos no es
realmente lo que intenta representar ante el resto del mundo. Fue
un asesinato y el gobierno federal se ve impotente porque el caso
tiene que ver con negros. Incluso los blancos involucrados estaban
ayudando a negros. Y en esta sociedad, ante cualquier cosa que
tenga que ver con ayudar a los negros, el gobierno federal se
muestra incapaz de actuar. Pero sí puede actuar en Vietnam del
Sur, en el Congo, en Berlín y en otros lugares donde no tiene
ningún derecho de estar. En cambio en Misisipí no puede actuar.

—*En un discurso reciente usted mencionó su encuentro en África*
con John Lewis de la SNCC. ¿Cree usted que en el Sur los líderes más
jóvenes y más combativos estén ampliando su visión sobre la lucha
en general?

—Seguro. Cuando yo participaba en el movimiento de los Musulmanes Negros hablé en diversas universidades blancas y negras.
Me percaté en 1961 y en 1962 que la nueva generación era muy
diferente de las anteriores y que muchos estudiantes eran más
sinceros en su análisis del problema y en su deseo de encontrarle
soluciones. En algunos países extranjeros los estudiantes han con-
tribuido al estallido de la revolución; fueron los estudiantes quienes iniciaron la revolución en Sudán, quienes derribaron en Corea
a Syngman Rhee y a Menderes en Turquía. Los estudiantes no se
detienen a pensar si están en desventaja y no se venden a ningún
precio.

En Estados Unidos los estudiantes se han destacado por sus payasadas, por sus competencias de excentricidad, contando por ejemplo cuántos pueden caber en una caseta telefónica, y no por sus ideas políticas revolucionarias o su deseo de transformar las condiciones injustas. Pero algunos estudiantes se parecen cada vez más a sus hermanos en otros países. Sin embargo, los estudiantes han sido engañados un poco con lo que se conoce como la lucha por los derechos civiles (cuyo objetivo nunca fue resolver el problema). Los estudiantes han sido convencidos de que el problema ya fue analizado, y por eso no trataron de examinarlo ellos mismos.

En mi opinión, si los estudiantes en este país se olvidan del análisis que les han ofrecido y en cambio se reúnen y empiezan a investigar por cuenta propia el problema del racismo, independientemente de los políticos e independientemente de todas las instituciones (que son parte de la estructura del poder), llegarán a ciertos descubrimientos estremecedores, y también verán que nunca eliminarán el racismo en su país mientras sigan confiando en que lo haga el gobierno.

El propio gobierno federal es tan racista como el gobierno en Misisipí y es más culpable de perpetuar este sistema racista. Al nivel federal son más astutos y diestros, del mismo modo que el FBI es más astuto que la policía estatal y la policía estatal es más astuta que la policía local.

Igual sucede con los políticos. El político a nivel federal es más hábil en general que el político a nivel local, y cuando quiere practicar el racismo, lo hace más diestramente que los que lo practican a nivel local.

—*¿Qué opina usted del Partido Demócrata?*

—El Partido Demócrata, junto con el Partido Republicano, es responsable del racismo en Estados Unidos. Los principales racistas en este país son demócratas. Goldwater no es el racista principal: es racista, pero no el principal. Los racistas que tienen influencia en Washington son demócratas. Si te cercioras, verás que siempre que se hacen propuestas de ley para mitigar las injusticias que padece el negro norteamericano, los que se oponen son miembros del partido de Lyndon B. Johnson. Los *Dixiecrats* son demócratas. Los *Dixiecrats* no son más que una subdivisión del Partido Demócrata; y el mismo hombre que manda a los demócratas manda a los *Dixiecrats*.[27]

—*¿Cuál es la contribución que los jóvenes, en especial los estudiantes que odian el racismo en esta sociedad, pueden hacer a la lucha del pueblo negro por la libertad?*

—Los blancos que son sinceros no logran nada uniéndose a organizaciones negras y convirtiéndolas en organizaciones integradas. Los blancos que son sinceros deben organizarse entre sí y buscar una estrategia para quebrantar los prejuicios que existen en las comunidades blancas. Así pueden funcionar con mayor inteligencia y eficacia en la misma comunidad blanca, lo que no se ha hecho hasta ahora.

—*¿Qué papel desempeña la juventud en la revolución mundial y qué lecciones pueden derivarse para la juventud norteamericana?*

—Si tratan de indagar acerca de los prisioneros de los soldados norteamericanos en Vietnam del Sur, verán que estos guerrilleros son gente joven. Algunos son niños. La mayoría son adolescentes. En todo el mundo son los adolescentes los que realmente se dedican a luchar por eliminar la opresión y la explotación. En el Congo, los refugiados señalan que muchos de los revolucionarios congoleses son niños. De hecho, cuando fusilan a revolucionarios presos, fusilan de los siete años de edad para arriba —esa información proviene de la prensa— porque los revolucionarios son niños y jóvenes. En esos países los jóvenes son quienes más rápidamente se identifican con la lucha y la necesidad de eliminar las oprobiosas condiciones de vida. Y aquí en este país, y esto lo digo por experiencia propia, cuando se habla del racismo, de la discriminación y la segregación, son los jóvenes los que se sienten más ultrajados, los que más ardientemente desean eliminar todo eso.

Creo que los jóvenes *simbas* [leones] del Congo y los jóvenes luchadores de Vietnam del Sur pueden ser un ejemplo poderoso para la juventud en este país.

Además, a medida que los pueblos de piel oscura se independizan, se desarrollan y cobran más fuerza, se ve que el tiempo está a favor del negro norteamericano. Todavía hoy el negro norteamericano es hospitalario, tolerante y amistoso. Pero si siguen engañándolo y estafándolo continuamente, y si no se encuentra la solución de sus problemas, se desilusionará por completo, quedará decepcionado y se disociará de los intereses de Estados Unidos y su sociedad. Ya muchos lo han hecho.

—*¿Qué piensa usted de la lucha mundial que existe hoy entre el capitalismo y el socialismo?*

—Es imposible que el capitalismo sobreviva, principalmente porque el sistema capitalista necesita chupar sangre ajena. El capitalismo solía ser como un águila, pero ahora es más bien como un buitre. Antes tenía la fuerza suficiente para chuparle la sangre a los demás, ya fueran fuertes o débiles. Pero ahora se ha vuelto más cobarde, como el buitre, y sólo les chupa la sangre a los que no pueden defenderse. A medida que las naciones del mundo se liberan, el capitalismo tiene menos víctimas, menos sangre que chupar, y se debilita más y más. En mi opinión su colapso definitivo es sólo cuestión de tiempo.

—*¿Cuáles son las perspectivas de la lucha negra en 1965?*

—Son sangrientas. Fueron sangrientas en 1963, fueron sangrientas en 1964, y todas las causas que causaron ese derramamiento de sangre existen todavía. La Marcha en Washington debía servir como válvula de escape para la frustración que este ambiente explosivo había creado. En 1964 usaron la ley de los derechos civiles como válvula de escape.[28] ¿A qué podrán acudir en 1965? No hay estratagema que puedan usar los políticos para apaciguar el fermento explosivo que existe aquí mismo en Harlem.

Y miren a Murphy, el jefe de la policía de Nueva York. Aparece en los encabezados de los periódicos tratando de calificar como crimen hasta una simple predicción de que va a haber líos. Esto muestra el nivel del pensamiento norteamericano. Se va a producir una explosión pero no hay que mencionar el asunto. Existen todos los ingredientes que producen las explosiones pero no hay que hablar de eso, dice Murphy. Es como afirmar que no existen 700 millones de chinos. Es la misma actitud. El ciudadano norteamericano está tan lleno de remordimientos y de miedo que en vez de encarar la realidad de la situación, pretende que la situación no existe. Ya saben, en este país es casi un crimen decir que hay un país llamado China, a menos que se refieran a esa islita conocida como Formosa.[29] Por lo mismo, es casi un crimen decir que la gente aquí en Harlem va a explotar porque no ha desaparecido la dinamita social del año pasado.

Entonces creo que 1965 será mucho más explosivo, más que 1964 y 1963. No van a poder evitarlo. Los líderes negros ya no pueden controlar al pueblo. Por eso, cuando el pueblo empieza —muy justificadamente— a estallar, esos líderes negros ya no pueden contenerlo.

FRAGMENTO DE UNA ENTREVISTA EN TORONTO, CANADÁ

Sobre matrimonios mixtos

Este fragmento es de una entrevista de televisión en Toronto, Canadá, en el programa "The Pierre Berton Show".

—*Antes de que usted dejara a Elijah Muhammad y viajara a La Meca y conociera el mundo original del islam, usted creía en la segregación total de blancos y negros. Se oponía tanto a la integración racial como a los matrimonios mixtos. ¿Ha cambiado usted de opinión?*

—Yo creo en reconocer a cada ser humano como ser humano: ni blanco, ni negro, ni moreno, ni rojo; y cuando uno ve a la humanidad como a una familia, no se trata de integración o de matrimonios mixtos. Se trata simplemente de un ser humano que se casa con otro ser humano, o de un ser humano que vive en compañía de otro ser humano y con otro ser humano.

Quisiera decir, sin embargo, que no es algo que se le debiera echar en cara al hombre negro; no creo que se le deba exigir al hombre negro que defienda una posición determinada, porque es el hombre blanco colectivamente el que ha demostrado su hostilidad a la integración y a los matrimonios mixtos, y a los otros pasos que se han dado hacia la unidad.

Por lo tanto como hombre negro, y especialmente como norte-americano negro, no creo que tenga que defender ninguna posi-ción que haya tenido anteriormente, porque se trata de una reac-ción a la sociedad, y es una reacción que fue producto de la sociedad; y creo que la sociedad que produjo esa actitud es la que debe ser atacada, y no la reacción de las personas que son víctimas de esa sociedad negativa.

—*¿Pero usted ya no cree en [el establecimiento de] un estado negro?*

—No.

—*¿En Norteamérica?*

—No, creo en una sociedad donde las personas puedan vivir como seres humanos y en base a la igualdad.

Buscamos una solución que beneficie a las masas, no a la clase alta

En la tarde del 13 de febrero de 1965 Malcolm X regresó a Nueva York de una breve gira de conferencias en Europa, donde entre otras cosas el gobierno de Francia le negó la entrada sin explicación alguna. A las 2:30 de la madrugada del día 14, la casa donde vivía Malcolm con su esposa y sus cuatro hijas pequeñas en el distrito de Queens fue atacada con bombas incendiarias. La casa sufrió daños graves pero la familia escapó ilesa.

Después de conseguir alojamiento para su familia Malcolm viajó a Detroit, donde había sido invitado a hablar por la radiodifusora Afro-American Broadcasting Company. Unas 400 personas escucharon a Malcolm en el auditorio Ford; el moderador fue Milton Henry, presidente de la radiodifusora y uno de los dirigentes del Partido Libertad Ahora (Freedom Now Party), un partido negro independiente en el estado de Michigan. Aunque estaba cansado y turbado por el ataque, Malcolm consideró que era importante asistir a la reunión. Aquí publicamos extractos mayores de su discurso.

Licenciado Milton Henry, distinguidos invitados, hermanas y hermanos, señoras y señores, amigos y enemigos:

Primero quiero señalar que me alegra mucho hallarme aquí esta noche y le doy gracias a la Afro-American Broadcasting Company por invitarme esta noche. Como dijo el licenciado Milton Henry —debería decir el hermano Milton Henry, porque eso es, nuestro hermano—, anoche alguien lanzó una bomba en la casa donde yo estaba, en mi propia casa. No quedó destruida toda mi ropa, pero ya saben cómo el fuego y el humo dejan las cosas. Lo único que pude agarrar antes de salir fue esto que llevo puesto.

No es algo que me haya hecho perder la confianza en lo que estoy haciendo, porque mi esposa comprende y porque tengo hijas, desde esta estatura para abajo, que a pesar de su tierna edad comprenden. Creo que ellas prefieren tener un padre, o un hermano, o lo que fuera, que adopte una actitud firme ante la reacción de gente con mentalidad cerrada, y no un padre que más tarde claudique y las obligue a crecer en medio de la vergüenza y la deshonra.

Así que les pido que disculpen mi aspecto. No suelo presentarme en público sin camisa y corbata. Supongo que es un vestigio del movimiento de los Musulmanes Negros al que pertenecía. Ése es uno de los aspectos positivos de ese movimiento. Le enseñan a uno a ser muy cuidadoso y muy consciente de su aspecto, lo cual es una contribución positiva. Pero esa contribución positiva queda anulada por demasiados aspectos negativos.

Además, anoche, cuando la temperatura era de unos 20 grados [7 grados centígrados bajo cero] y cuando tuvo lugar la explosión, me sorprendió con la ropa de noche que llevaba puesta. Al tratar de sacar a mi familia de la casa, ninguno de nosotros se detuvo a escoger ropa en aquellos momentos y así nos vimos en la calle con aquel frío de 20 grados. Los metí en casa del vecino de al lado. Pensé que a lo mejor pescaba una pulmonía o un catarro o algo por el estilo por permanecer tanto tiempo en esas condiciones; por eso vino hoy el médico, un médico simpático, y me inyectó algo en el brazo que, por supuesto, me puso a dormir. Y he estado durmiendo ahí atrás desde que empezó el programa para ver si me pongo otra vez en forma. Así que si observan en mí una tendencia a tartamudear o a hablar demasiado despacio en algún momento, es por efecto de esa droga. No sé qué clase de droga era, pero era buena; te hace dormir y no hay nada mejor que dormir cuando hay mucha conmoción.

Esta noche, una de las cosas que debe subrayarse y que no sólo tiene muy preocupado a Estados Unidos, sino también a Francia, a Gran Bretaña y a la mayoría de las potencias conocidas antes como potencias coloniales, es la revolución africana. Están más preocupados por la revolución que está ocurriendo en el continente africano que por la revolución en Asia y en América Latina. Y eso se debe a que mucha gente de ascendencia africana se halla dentro de las fronteras o bajo la jurisdicción de esos diversos gobiernos.

Hay cuatro tipos de gente en el hemisferio occidental que tienen en África una herencia común, un origen común. La parte de nuestro pueblo que está en América Latina, que son negros pero viven en países donde se habla español. Muchos a veces deciden emigrar a España, pero la única diferencia es que la situación económica en España es tan mala que la gente en América Latina no piensa que vale la pena mudarse para allá. Y luego los británicos y los franceses tuvieron mucho control en el Caribe, en las Antillas. Así que ahora hay mucha gente de las Antillas que emigra tanto a Londres, digo, tanto a Inglaterra como a Francia. La gente de las Antillas británicas va a Londres y la gente de las Antillas francesas va a París. Y desde la Segunda Guerra Mundial eso ha puesto a Francia y a Inglaterra en la situación precaria de tener una estructura que le facilita a la gente en los territorios de la mancomunidad viajar a esos países sin restricciones. Así que hay un número creciente de gente de piel oscura en Inglaterra y también en Francia. [. . .]

Quisiera señalar que el colonialismo o el imperialismo, como se llama el sistema esclavista de Occidente, no se limita a Inglaterra o a Francia o a Estados Unidos. Los grandes intereses en este país están en contubernio con los grandes intereses en Francia y los intereses en Gran Bretaña. Es un solo complejo o consorcio enorme, y forma lo que se conoce, no como la estructura norteamericana del poder, ni la estructura francesa del poder, sino como la estructura internacional del poder. Esta estructura internacional del poder se usa para suprimir a las masas de los pueblos de piel oscura en todo el mundo y para explotarles sus recursos naturales, así que en la época que hemos vivido tú y yo, sobre todo en los últimos 10 años, hemos presenciado una rebelión de parte del hombre negro en África contra la estructura del poder.

Quiere su libertad y la quiere ahora. Recuerden que la estructura del poder es internacional, y su base interna se encuentra en Londres, en París, en Washington, etcétera. La fase exterior o externa de la revolución que se manifiesta en la actitud y en las acciones de los africanos hoy día les causa bastantes problemas. Las revoluciones que ocurren más allá de sus fronteras, o más allá de la estructura, ya les causan bastantes problemas. Pero ahora las autoridades establecidas están empezando a darse cuenta de que esta lucha del hombre negro en el exterior está afectando, infectando al hombre negro que está adentro de la estructura —espero que comprendan lo que estoy tratando de decir—. Los pueblos que recién han despertado en todo el mundo presentan un problema para lo que se conoce como los intereses occidentales, o sea el imperialismo, el colonialismo, el racismo y todos esos otros -ismos negativos o esos -ismos rapaces. Así como las fuerzas externas representan una grave amenaza, ahora pueden ver que las fuerzas internas representan una amenaza mayor todavía. Pero las fuerzas internas representan una amenaza aún mayor sólo cuando hayan analizado correctamente la situación y sepan lo que está realmente en juego. [...]

Ahora bien, ¿qué efecto tiene sobre nosotros la batalla por la posesión de África? ¿Por qué habría de preocuparse el negro de Estados Unidos por eso, si ha estado ausente del continente africano durante 300 ó 400 años? ¿Por qué habríamos de preocuparnos? ¿Qué impacto nos causa lo que les pase a ellos? En primer lugar, tienes que comprender que hasta 1959 África estuvo dominada por las potencias coloniales. Al mantener un control completo sobre África, las potencias coloniales de Europa proyectaban una imagen negativa de África. Siempre proyectan a África bajo una luz negativa: salvajes de la jungla, caníbales, nada que sea civilizado. Claro que era tan negativa que resultó negativa para ti y para mí, y empezamos a detestarla. No queríamos que nadie nos dijera nada sobre África y, al odiar a los africanos, acabamos por odiarnos a nosotros mismos sin siquiera darnos cuenta. Porque no puedes odiar las raíces de un árbol y no odiar al árbol. No puedes odiar tu origen sin odiarte a ti mismo. No puedes odiar a África sin odiarte a ti mismo.

Muéstrame a una de esas personas a las que le hayan lavado bien el cerebro y que tenga una idea negativa de África, y verás que esa persona tiene una idea negativa de sí misma. No puedes tener una idea positiva de ti mismo y una idea negativa de África al mismo tiempo. En la misma medida en que tu comprensión y tu actitud respecto a África se vuelva positiva, verás que tu comprensión y tu actitud respecto a ti mismo también se vuelve positiva. Y el blanco lo sabe. Por eso, con mucha habilidad, hacen que tú y yo odiemos nuestra identidad africana, nuestras características africanas.

Tú mismo sabes que hemos sido gente que odiaba sus características africanas. Odiábamos nuestro cabello, odiábamos la forma de nuestra nariz, queríamos tener uno de esos largos hocicos de perro, ya sabes; odiábamos el color de nuestra piel, odiábamos la sangre de África que corre por nuestras venas. Y al odiar nuestras facciones y nuestra piel y nuestra sangre, por supuesto que al final íbamos a odiarnos a nosotros mismos. Y nos odiábamos. Nuestro color se convirtió para nosotros en cadena, sentíamos que nos impedía avanzar; nuestro color se convirtió para nosotros en una especie de prisión en la que nos sentíamos encarcelados, que no nos dejaba tomar este o aquel camino. Sentíamos que todas estas restricciones se basaban exclusivamente en el color; y la reacción sicológica ante eso forzosamente iba a hacer que nos sintiéramos encarcelados o encadenados o atrapados por la piel negra, las facciones negras y la sangre negra. Entonces automáticamente íbamos a odiar esa piel y esas facciones y esa sangre que nosotros sentíamos que nos impedían avanzar. Y las empezamos a odiar.

Nos hacía sentir inferiores; nos hacía sentir inadecuados; nos hacía sentir impotentes. Y cuando nos convertimos en víctimas de ese sentimiento de inferioridad o de impotencia, buscamos que otra persona nos mostrara el camino. No confiábamos en que otro negro nos mostrara el camino ni en que gente negra nos mostrara el camino. En aquellos tiempos no. No creíamos que un negro pudiera hacer algo más que tocar unas trompetas, o sea, producir un poco de sonido y de esa forma hacernos felices con unas canciones. Pero en cosas serias, cuando se trataba de la comida, de la ropa, de la educación, nos volvíamos hacia aquel otro hombre. Nunca pensábamos en términos de realizar esas cosas nosotros mismos, nunca pensábamos en términos de hacer nosotros las cosas. Porque nos sentíamos impotentes. Lo que nos hacía sentirnos impotentes era el odio que nos teníamos a nosotros mismos. Y el odio a nosotros mismos tenía sus raíces en el odio a todo lo que fuera africano. [...]

Después de 1959 el espíritu del nacionalismo africano creció hasta convertirse en una llama brillante, y empezamos a presenciar el colapso completo del colonialismo. Francia empezó a salirse de África occidental francesa, Bélgica empezó a dar pasos para salirse del Congo, Gran Bretaña empezó a dar pasos para salirse de Kenia, de Tangañica, de Uganda, de Nigeria y de unos cuantos lugares más. Y aunque parecía que se estaban retirando de allí, lo que hicieron fue una treta colosal.

Cuando estás jugando fútbol y te tienen atrapado, no botas el balón, sino que se lo tiras a un compañero de tu equipo que tenga el campo libre. Y eso fue lo que hicieron las potencias europeas. Estaban atrapadas en el continente africano, no podían quedarse allí: habían sido tachadas de colonialistas y de imperialistas. Tenían que pasarle el balón a alguien cuya imagen fuera diferente y se lo pasaron al tío Sam. Y el tío Sam lo agarró y desde entonces ha venido corriendo con el balón en busca de un gol. Tenía el campo libre, no era visto como una potencia que había colonizado el continente africano. En aquellos momentos, los africanos no podían ver que aunque Estados Unidos no hubiera colonizado el continente africano, sí había colonizado a 22 millones de negros en este continente. Porque nosotros estamos tan colonizados como cualquiera.

Le pasaron el balón a Estados Unidos cuando John Kennedy había subido al poder. Él lo agarró y ayudó a jugarlo. Fue uno de los jugadores de retaguardia más astutos que ha visto la historia. Se rodeó de intelectuales: gente muy educada, muy culta y muy bien informada. Y el análisis de esta gente le decía que el gobierno de Estados Unidos se enfrentaba a un problema nuevo. Y la causa de este problema nuevo era que los africanos ahora habían despertado, estaban informados y no tenían miedo, estaban dispuestos a luchar. Eso significaba que las potencias occidentales no podían permanecer allí por la fuerza. Como su propia economía —la economía de Europa y de Estados Unidos— se basaba en mantener su influencia en el continente africano, tenían que encontrar el modo de quedarse. Así que usaron la táctica de hacerse pasar de amigos.

Cambiaron de la táctica abiertamente colonial e imperialista a la táctica caritativa. Crearon un colonialismo benevolente, un colonialismo filantrópico, un humanitarismo o dolarismo filantrópico. De inmediato todo era Cuerpo de Paz, Operación *Crossroads*: "Tenemos que ayudar a nuestros hermanos africanos".[30] Fíjate bien. No pueden ayudarnos en Misisipí, no pueden ayudarnos en Alabama o en Detroit o aquí en Dearborn donde hay un verdadero Ku Klux Klan. Van a enviar ayuda hasta África. Yo conozco Dearborn; ya saben, yo soy de Detroit, antes vivía por aquí en Inkster. Era como pasar por Misisipí cuando llegabas a Dearborn. ¿Sigue igual? Bueno, deberían de rectificarlo.

Así que, al darse cuenta de que era necesario usar todos estos métodos nuevos, Kennedy decidió hacerlo. Creó una imagen de su persona que estaba diseñada ingeniosamente para hacer que los pueblos del continente africano pensaran que él era Jesucristo, el gran padre blanco, que descendía para resolver todos los problemas. Yo te aseguro que algunos de esos negros lloraron más cuando él se murió que cuando crucificaron a Jesucristo. [. . .]

John F. Kennedy también se dio cuenta de que era necesario emplear un método nuevo entre los negros norteamericanos. Y durante el tiempo que fue presidente su especialidad fue cómo maniobrar sicológicamente al negro norteamericano. Ya sé que a muchos de ustedes no les gusta que diga eso; pero yo jamás defendería una posición como ésa si no supiera lo que estoy diciendo. A fuerza de vivir en esta sociedad, codeándome bastante con ellos, y saben a lo que me refiero cuando digo "ellos", he aprendido a estudiarlos. A veces piensas que son de buena voluntad, pero si lo analizas más cuidadosamente verás que no son de buena voluntad. Eso no quiere decir que entre ellos no haya algunos que sí sean de buena voluntad. Pero sí quiere decir que la mayoría no son de buena voluntad.

El nuevo método de Kennedy era fingir que apoyaba nuestra lucha por los derechos civiles. Era otro defensor más de los derechos. Pero me acuerdo de las revelaciones que hizo la revista *Look* sobre la situación del caso Meredith en Misisipí. La revista *Look* desenmascaró el hecho de que Robert Kennedy y el gobernador Barnett hicieron un pacto, según el cual el procurador general [Kennedy] iba a llegar para tratar de forzar a la universidad a admitir a Meredith, y Barnett iba a pararse en la puerta, ya saben, para decir: "No, no puede entrar". Al final iba a entrar de todas maneras, pero todo estaba arreglado desde antes y entonces Barnett mantendría el apoyo de los racistas blancos, porque eso era lo que él representaba, y Kennedy mantendría el apoyo de los negros, porque eso es lo que él estaría representando. Fue un pacto arreglado de antemano. Y no es ningún secreto; está por escrito, escriben sobre esas cosas. Pero si hicieron ese tipo de acuerdos, ¿cuántos más no habrán concertado? Lo que ustedes creen que es honesto, hermanos y hermanas, resulta ser más torcido que un ocho, que es de lo más torcido.[31]

Así que en conclusión me gustaría señalar que la estrategia que ha utilizado la administración hasta hoy estaba cuidadosamente diseñada para dar la impresión de que estaban tratando de resolver el problema cuando en realidad no lo estaban resolviendo. Siempre bregaban con los síntomas pero nunca con la causa. Sólo nos ofrecían pequeñas medidas simbólicas. Eso beneficiaba sólo a unos pocos. Nunca beneficia a las masas, y las masas son las que tienen el problema, no el puñado de beneficiados. Y a fin de cuentas, el que sale beneficiado con esas medidas simbólicas no quiere codearse con nosotros; por eso se aprovecha de esas migajas. [. . .]

Las masas de nuestro pueblo todavía tienen viviendas malísimas, una educación muy mala y empleos inferiores, empleos que no les proporcionan un salario suficiente para poder subsistir en este mundo. Así que para las masas el problema no ha sido resuelto en absoluto.

Los únicos que lo tienen todo resuelto son personas como Whitney Young, que según parece va a ser nombrado al gabinete [del presidente]. Será el primer negro en el gabinete. Y eso nos indica lo bien que van las cosas para él. Y otros han recibido empleos, como Carl Rowan, a quien pusieron al frente de la USIA [Agencia de Información de Estados Unidos] y está tratando ahora, con mucha habilidad, de hacerles creer a los africanos que el problema de los negros de este país ya está completamente resuelto.

Lo peor que el hombre blanco puede hacerse a sí mismo es tomar a un negro de ese tipo y preguntarle: "¿Cómo se siente tu gente, muchacho?" Él le va a decir a ese hombre blanco que estamos satisfechos. Es lo que hacen, hermanos y hermanas. Se meten detrás de la puerta y le dicen al blanco que estamos satisfechos. "Sí, jefe, mientras usted decida mantenerme aquí, delante de ellos, yo los voy a mantener detrás de usted". Es lo que le dicen cuando están a puerta cerrada. Porque el blanco no acepta a nadie que no esté de su parte. No le importa si quieres hacer el bien o el mal; lo que quiere saber es si estás de su parte. Y si estás de parte suya, no le importa en qué otra cosa estés metido. Mientras estés de parte suya te promueve y te pone al frente de la comunidad negra. Te convierte en vocero.

Y en tu lucha es como estar andando sobre una rueda que da vueltas; corres y corres pero no vas a ninguna parte. Corres más y más rápido y la rueda simplemente corre también más aprisa. No sales nunca de donde estás parado. Por eso, es muy importante que tú y yo comprendamos que nuestro problema requiere una solución que beneficie a las masas y no a la clase alta, la llamada clase alta. En realidad, un negro de clase alta no existe, porque vive en el mismo infierno que el negro de la otra clase. Todos viven en el mismo infierno, y ésa es una de las cosas buenas de este sistema racista: que hace de todos nosotros un solo hombre. [. . .]

Si les dijeras en este momento qué es lo que nos espera en 1965, sin duda creerían que estás loco. Pero 1965 va a ser el año más largo, más caliente y más sangriento de todos. Tiene que serlo, no porque tú lo quieras ni porque yo lo quiera ni porque nosotros lo queramos, sino porque las condiciones que originaron esos estallidos en 1963 todavía persisten; las condiciones que produjeron estallidos en 1964 todavía no han desaparecido. Y no se puede decir que no va a haber un estallido cuando se han dejado intactas las condiciones, los ingredientes. Mientras sigan ahí esos ingredientes explosivos, existirá el potencial para una explosión.

Hermanos y hermanas, déjenme decirles que yo me paso el tiempo en la calle, con la gente, con toda clase de gente, escuchando lo que están diciendo. Y están disgustados, están disilusionados, están hartos, están quedando tan frustrados que empiezan a preguntarse: "¿qué podemos perder?" Y cuando llegan a ese punto son personas que pueden crear una atmósfera muy peligrosamente explosiva. Eso es lo que le está pasando a nuestros barrios, a nuestro pueblo. [. . .]

Señalo estos hechos, hermanos y hermanas, para que sepamos en 1965 la importancia de estar completamente unidos unos con otros, en armonía unos con otros, y no dejar que la manipulación del hombre en el poder nos haga luchar unos contra otros. La situación en la cual —gracias a sus maniobras— me encuentro actualmente en relación al movimiento de los Musulmanes Negros me da mucha pena, porque no creo que haya nada más destructivo que dos grupos de gente negra peleándose entre sí. Pero no puede evitarse porque tiene repercusiones que van más allá de las cuestiones superficiales, y estas cuestiones van a surgir en el futuro muy cercano.

Podría agregar lo siguiente antes de sentarme. Si bien recuerdan, cuando me separé del movimiento de los Musulmanes Negros, dije bien claramente que yo no tenía la menor intención de seguir pensando que existían siquiera; yo quería dedicar mi tiempo a trabajar en la comunidad no musulmana. Pero ellos tenían miedo de que si no hacían algo, posiblemente muchos de los que militaban en la mezquita [de los Musulmanes Negros] la dejarían y seguirían un rumbo diferente. Así que tuvieron que empezar a imitarme, y también tuvieron que tratar de silenciarme porque ellos saben lo que yo sé. Creo que ellos me conocen lo suficientemente bien como para saber que no pueden asustarme. Pero cuando al fin salga a la luz —perdonen que siga tosiendo así, pero se me metió un poco de humo anoche— hay ciertos hechos relacionados al movimiento de los Musulmanes Negros que, cuando salgan a la luz, te van a asombrar.[32]

El asunto que debe entenderse acerca de los que estábamos en el movimiento de los Musulmanes Negros es que todos creíamos un 100 por ciento que Elijah Muhammad era un ser divino. Creíamos en él. Creíamos que Dios mismo —nada menos que en Detroit—, que Dios lo había instruido y todo eso. Yo siempre creí que él mismo lo creía. Y fue un golpe muy duro cuando supe que él mismo no lo creía. Y cuando absorbí el golpe, entonces empecé a mirar por todos lados para tratar de comprender mejor los problemas que todos enfrentamos para que pudiéramos unirnos de alguna manera y contrarrestarlos.

Quiero agradecerles que hayan venido esta noche. Creo que es maravilloso que tantos hayan venido, teniendo en cuenta que hubo un bloqueo informativo sobre esta reunión. Milton Henry y los hermanos aquí en Detroit son jóvenes muy progresistas, y yo les aconsejaría que se unieran de cualquier manera posible para tratar de crear algún tipo de esfuerzo unido en torno a metas comunes, objetivos comunes. No permitan que la estructura del poder los manipule para que pierdan el tiempo en una batalla con otros cuando podrían estar involucrados en algo constructivo que rinda resultados verdaderos. [...]

Repito que no soy racista, no creo en ningún tipo de segregación ni nada por el estilo. Apoyo la fraternidad con todo el mundo, pero no estoy de acuerdo con exigirle la fraternidad a gente que no la quiere. Practiquemos la fraternidad entre nosotros, y si los demás quieren practicar la fraternidad con nosotros, entonces aceptamos practicarla con ellos también. Pero no creo que debamos estar corriendo detrás de alguien que no nos ama para ofrecerles nuestro amor. Muchas gracias.

ROCHESTER, NUEVA YORK

No sólo un problema norteamericano sino un problema mundial

El 16 de febrero Malcolm X viajó a Rochester, Nueva York, donde celebró una conferencia de prensa y habló en la universidad Colgate Rochester Divinity School. Más tarde, en un mitin muy concurrido en la iglesia metodista Corn Hill, pronunció este discurso.

Primero, hermanos y hermanas, quiero comenzar agradeciéndoles por haberse tomado la molestia de venir aquí esta noche, y en especial por haberme invitado a venir a Rochester a participar en este pequeño diálogo informal sobre temas que son de común interés para todos los elementos en la comunidad, en toda la comunidad de Rochester. Vine para hablar sobre la revolución negra que está en marcha, que se está realizando en todo el mundo, la forma en que se está desarrollando en el continente africano, y el impacto que está teniendo hoy día en las comunidades negras, no sólo aquí en Estados Unidos sino también en Inglaterra y en Francia, y en otras antiguas potencias coloniales.

Probablemente muchos de ustedes leyeron la semana pasada que intenté viajar a París y que me lo impidieron. Y París no le niega la entrada a nadie. Como ustedes saben, se supone que cualquiera puede ir a Francia, se supone que es un lugar muy liberal. Hoy, sin embargo, Francia está teniendo problemas a los que no se les ha dado mucha publicidad. Y también Inglaterra está teniendo problemas a los que tampoco se les ha dado mucha publicidad, porque han sido los problemas de Estados Unidos los que han recibido tanta publicidad. Pero ahora estos tres socios, o aliados, tienen problemas comunes sobre los cuales el negro norteamericano, o el afroamericano, no está muy al tanto.

Y para que tú y yo comprendamos la naturaleza de la lucha en la que estamos enfrascados, tenemos que conocer no sólo los distintos ingredientes que inciden a nivel local y a nivel nacional, sino también los ingredientes que inciden a nivel internacional. Y los problemas del hombre negro en este país han dejado de ser simplemente un problema del negro norteamericano o un problema norteamericano. Se ha convertido en un problema tan complejo, y con tantas repercusiones, que hay que estudiarlo en su contexto mundial o en su contexto internacional, para poder ver de qué se trata realmente. De lo contrario, si no sabes el papel que desempeñan los temas locales dentro del contexto internacional, no es posible entenderlos. Y cuando los examinas en ese contexto, los ves de una forma distinta, pero con mayor claridad.

Y deberías preguntarte por qué un país como Francia se interesa tanto en un insignificante negro norteamericano que le prohíbe la entrada cuando casi todo el mundo puede ir a ese país cuando así lo desea. Ante todo es porque los tres países tienen los mismos problemas. Y el problema es éste: en el hemisferio occidental. . . no habíamos caído en la cuenta, pero no somos precisamente una minoría en este mundo. En el hemisferio occidental está el pueblo de Brasil, las dos terceras partes de la población en Brasil son gente de piel oscura como tú y yo. Son gente de origen africano, de ascendencia africana, con una historia africana. Y no sólo en Brasil, sino por toda la América Latina, el Caribe, Estados Unidos, y Canadá, hay personas que son de origen africano.

Muchos nos engañamos a nosotros mismos creyendo que los afroamericanos somos los que nos encontramos aquí en Estados

Unidos. América consiste en Norteamérica, Centroamérica y Sudamérica. Cualquier persona de ascendencia africana en Sudamérica es afroamericana. Cualquiera en Centroamérica con sangre africana es afroamericano. Cualquiera que vive aquí en Norteamérica, incluso en Canadá, es afroamericano si es de ascendencia africana. Incluso los que viven en el Caribe son afroamericanos. Así que cuando yo hablo del afroamericano no estoy hablando únicamente de los 22 millones que nos hallamos aquí en Estados Unidos. Los afroamericanos comprendemos el gran número de personas del hemisferio occidental desde el extremo sur de Sudamérica hasta el extremo norte de Norteamérica que —si se investiga la historia de estos pueblos— tenemos una herencia común y un origen común.

Ahora, en lo que al pueblo negro se refiere existen cuatro esferas de influencia en el hemisferio occidental. Existe la influencia española, lo que quiere decir que España colonizó determinada área del hemisferio occidental. Hay una esfera de influencia francesa, el área que Francia colonizó en una época. Está el área que los británicos colonizaron. Y luego estamos los que nos hallamos en Estados Unidos.

El área que en una época fue colonizada por los españoles se conoce comúnmente como América Latina. Allí hay mucha gente de piel oscura, de ascendencia africana. El área que los franceses colonizaron aquí en el hemisferio occidental es mejor conocida como Antillas francesas. Y el área que los británicos colonizaron es la que comúnmente se llama Antillas británicas, además de Canadá. Y como dije, está Estados Unidos. De manera que tenemos estas cuatro clasificaciones diferentes de los negros, de los no blancos, aquí en el hemisferio occidental.

Debido a la pobreza económica de España, y debido a que ha dejado de ser influyente en el escenario mundial, como lo fuera en una época, no hay mucha gente de piel negra en la esfera de influencia española que decide emigrar a España. Sin embargo, debido al alto nivel de vida que hay en Francia e Inglaterra, vemos que mucha de la gente negra de las Antillas británicas ha estado emigrando a Gran Bretaña, mucha de la gente negra de las Antillas francesas emigra a Francia, y luego tú y yo ya estamos aquí.

Así que esto significa que hoy los tres aliados principales, Estados Unidos, Gran Bretaña y Francia, tienen un problema en común. Pero ni a ti ni a mí nos dan jamás la información suficiente como para que nos demos cuenta que ellos tienen un problema común. Y este problema común consiste en el nuevo estado de ánimo que se manifiesta en todo el pueblo negro en Francia, dentro de la misma esfera en Inglaterra, y también aquí en Estados Unidos. De modo que... y este estado de ánimo ha ido cambiando en la misma medida en que ha ido cambiando el estado de ánimo en el continente africano. Y cuando ves que surge la revolución africana —y al decir revolución africana me refiero al surgimiento de naciones africanas independientes, lo que ha estado sucediendo en los últimos 10 ó 12 años— ves que ha cambiado totalmente el estado de ánimo de los negros del hemisferio occidental. Tanto así que cuando emigran a Inglaterra se convierten en un problema para los ingleses. Y cuando emigran a Francia se vuelven un problema para los franceses. Y cuando los que ya se encuentran aquí en Estados Unidos despiertan y ese mismo estado de ánimo se ve reflejado en el hombre negro en Estados Unidos, entonces eso le plantea un problema al hombre blanco aquí en Estados Unidos.

Y no vayas a pensar que el problema que tiene el hombre blanco en Estados Unidos es único. Francia está teniendo el mismo problema. Y Gran Bretaña está teniendo el mismo problema. Pero la única diferencia entre el problema de Francia, el de Inglaterra y el de aquí es que han surgido muchos líderes negros en el hemisferio occidental, en Estados Unidos, que han creado un espíritu combativo que ha alarmado a los blancos norteamericanos. Pero eso ha faltado en Francia y en Inglaterra. Y la comunidad negra norteamericana, la comunidad de las Antillas francesas, y la comunidad africana en Francia sólo recientemente comenzaron a organizarse, lo que le ha dado un susto mortal a Francia. Y lo mismo está sucediendo en Inglaterra. Hasta hace poco estaban completamente desorganizados. Pero últimamente los antillanos en Inglaterra, la comunidad africana en Inglaterra y los asiáticos en Inglaterra comenzaron a organizarse y a trabajar coordinadamente, juntos. Y esto se ha convertido en un problema muy serio para Inglaterra.

Tengo que darte esta información de fondo para que puedas entender algunos de los problemas que hay en el mundo. Y nunca vas a poder entender los problemas entre los negros y los blancos aquí en Rochester, o entre los negros y los blancos en Misisipí, o entre los negros y los blancos en California, a menos que entiendas el problema fundamental que existe entre negros y blancos, que no se limita a un nivel local sino que existe a nivel internacional, global, en el mundo de hoy. Cuando lo ves en ese contexto, lo entiendes. Pero si tratas de verlo únicamente en el contexto local, jamás lo vas a entender. Hay que ver las tendencias que hay en todo el mundo. Y al venir aquí esta noche intento brindarte la visión más actualizada posible.

Como muchos de ustedes saben, dejé el movimiento de los Musulmanes Negros, y durante el verano pasé cinco meses en el Medio Oriente y en el continente africano. Durante este tiempo visité muchos países. El primero fue Egipto, luego Arabia, después Kuwait, Líbano, Sudán, Kenia, Etiopía, Zanzíbar, Tangañica —que hoy es Tanzania—, Nigeria, Ghana, Guinea, Liberia, Argelia. Y en esos cinco meses tuve la oportunidad de sostener largas conversaciones con el presidente Nasser en Egipto, el presidente Julius Nyerere en Tanzania, Jomo Kenyatta en Kenia, Milton Obote en Uganda, Azikiwe en Nigeria, Nkrumah en Ghana y Sékou Touré en Guinea.

Y durante las conversaciones con estos hombres, y con otros africanos en aquel continente, intercambiamos mucha información que definitivamente amplió mi entendimiento, y que creo que amplió mi visión. Así que desde que regresé no he tenido ningún deseo de enredarme en disputas sin importancia con cabezas huecas o gente mezquina que de casualidad pertenecen a ciertas organizaciones, y que se van a basar en hechos engañosos que no conducen a nada, cuando tenemos problemas bien complejos que estamos tratando de resolver.

Así que yo no vine a hablar acerca de ninguno de estos movimientos que están en pugna entre sí. He venido a hablar del problema que todos tenemos delante. Y voy a hacerlo de manera muy informal. No me gusta atenerme a métodos o a procedimientos formales cuando hablo ante el público, porque me doy cuenta que usualmente la conversación que sostengo gira en torno a cuestiones de raza, o cuestiones raciales, que no es por culpa mía. No fui yo quien creó el problema racial. Y sabes que no vine a Estados Unidos en el barco *Mayflower* ni tampoco por voluntad propia. A nuestro pueblo lo trajeron aquí contra su voluntad, contra nuestra voluntad. Por eso, si ahora representamos un problema, no deberían de culparnos por estar aquí. Ellos fueron los que nos trajeron. [*Aplausos*]

Una de las razones por las que creo que lo mejor es mantenerse muy informal cuando se discute este tipo de tema es que cuando la gente está discutiendo cuestiones de raza tiene la tendencia a ser intolerante, de volverse más emotiva, y se acalora mucho... especialmente los blancos. Me he dado cuenta que los blancos por lo general son muy inteligentes hasta que te pones a hablar con ellos sobre el problema racial; entonces se vuelven más ciegos que los murciélagos y quieren hacerte ver cosas que son exactamente lo opuesto a la verdad, aunque ellos mismos lo saben. [*Aplausos*]

Entonces lo que yo prefiero es que tratemos de ser muy informales, para poder relajarnos y mantener una actitud abierta, y tratar de sentar la pauta o la costumbre de ver por nuestra propia cuenta, escuchar por nuestra propia cuenta, pensar por nuestra propia cuenta, y entonces podremos llegar a un juicio inteligente por nuestra propia cuenta.

Para aclarar mi posición, como lo hice hoy en Colgate, soy musulmán, lo cual quiere decir simplemente que mi religión es el islam. Creo en Dios, el Ser Supremo, el creador del universo. Y es una religión muy sencilla, fácil de comprender. Creo en un solo Dios. Si fueran muchos sería una religión muy confusa. Así que creo en un solo Dios, y creo que ese Dios tenía una religión, tiene una religión y siempre tendrá una religión. Y que ese Dios le enseñó a todos los profetas la misma religión. Por lo tanto no se trata de debatir quién haya sido el más grande o el mejor: Moisés, Jesucristo, Mahoma o alguno de los otros. Todos fueron profetas que vinieron de un solo Dios. Ellos tenían una doctrina, y esa doctrina fue diseñada para darle claridad a la humanidad, para que toda la humanidad viera que era un solo género humano, y así tener una hermandad que fuera practicada aquí en la Tierra. Eso es lo que yo creo.

Y después de aceptar la identidad única de Dios, creo en la hermandad del hombre. Sin embargo, a pesar de que creo en la hermandad del hombre, tengo que ser realista y entender que aquí en Estados Unidos nos encontramos en una sociedad que no practica la fraternidad. No practica lo que predica. Predica la fraternidad, pero no la practica. Y ya que esta sociedad no practica la fraternidad, los que somos musulmanes —los que nos separamos del movimiento de los Musulmanes Negros y nos reagrupamos como musulmanes en base al islam ortodoxo— creemos en la fraternidad del islam.

Pero también nos damos cuenta de que el problema que afecta al pueblo negro en este país es tan complejo y tan enredado y ha existido por tanto tiempo, sin resolver, que es absolutamente necesario que formemos otra organización. Y eso fue lo que hicimos. Es una organización laica que se conoce como la Organización de la Unidad Afro-Americana, y que está estructurada organizativamente de manera que permite la participación activa de todo afroamericano, de cualquier negro norteamericano, con un programa cuyo fin es eliminar los males políticos, económicos y sociales que nuestro pueblo padece en esta sociedad. Y tenemos esa estructura porque nos damos cuenta que tenemos que luchar contra los males de una sociedad que no logró producir la fraternidad entre todos los miembros de dicha sociedad. Esto de ninguna manera significa que seamos antiblancos, antiazules, antiverdes o antiamarillos. Somos antimaldad. Somos antidiscriminación. Somos antisegregación. Estamos en contra de todo el que practique cualquier forma de segregación o discriminación contra nosotros simplemente porque no seamos de un color que les resulte aceptable. Creemos en luchar contra eso. [*Aplausos*]

No juzgamos a un hombre por el color de su piel. No te juzgamos por ser blanco; no te juzgamos por ser negro; no te juzgamos por ser moreno. Te juzgamos por lo que haces y por lo que practicas. Y mientras practiques la maldad, estaremos en tu contra. Y para nosotros la principal, la peor maldad es la maldad que se basa en juzgar a un hombre por el color de su piel. Y creo que nadie aquí puede negar que vivimos en una sociedad que simplemente no juzga a un hombre de acuerdo a su talento, a sus capacidades, a sus credenciales académicas o a su falta de credenciales académicas. Esta sociedad juzga a los hombres exclusivamente por el color de su piel. Si eres blanco puedes salir adelante, y si eres negro tienes que luchar por avanzar a cada paso, y aún así no sales adelante. [*Aplausos*]

Vivimos en una sociedad que en gran medida está controlada por gente que cree en la segregación. Vivimos en una sociedad que en gran medida está controlada por gente que cree en el racismo y practica la segregación, la discriminación y el racismo. Creemos en... y digo que está controlada, no por los blancos de buena voluntad, está controlada por los segregacionistas, por los racistas. Y puedes comprobarlo cuando ves la política sistemática que esta sociedad aplica en todo el mundo. En estos instantes en Asia el ejército norteamericano está dejando caer bombas sobre gente de piel oscura. No pueden decir que... de ninguna manera pueden justificar —estando lejos del país— dejar caer bombas sobre los demás. Si estuvieran en el país vecino, lo podría entender, pero no pueden ir a un lugar que está tan lejos de este país, dejar caer bombas sobre otra gente y justificar su presencia en ese lugar, a mí no me convencen. [*Aplausos*]

Es racismo. Es el racismo que practica Estados Unidos, el racismo que significa una guerra contra pueblos de piel oscura en Asia; otra forma de racismo que significa una guerra contra los pueblos de piel oscura en el Congo; y que significa una guerra contra pueblos de piel oscura en Misisipí, en Alabama, en Georgia y en Rochester, Nueva York. [*Aplausos*]

No estamos en contra de nadie porque sea blanco. Estamos en contra de los que practican el racismo. Estamos en contra de los que dejan caer bombas sobre otra gente porque da la casualidad que tiene piel de una tonalidad distinta. Y como nos oponemos a eso, la prensa dice que somos violentos. No estamos a favor de la violencia. Estamos a favor de la paz. Sin embargo, la gente que enfrentamos es tan violenta que no puedes ser pacífico cuando tratas con ellos. [*Aplausos*]

Nos acusan de lo que ellos mismos son culpables. Esto es lo que siempre hace el criminal. Te bombardea, y luego te acusa de haberte bombardeado a ti mismo. Te aplasta el cráneo, y luego te acusa de haberlo atacado. Esto es lo que los racistas han hecho siempre, lo que ha hecho el criminal, el que ha desarrollado métodos criminales hasta convertirlos en una ciencia. Ejecuta su crimen y luego utiliza la prensa para atacarte. Hace que la víctima aparezca como el criminal, y el criminal como la víctima. Así actúan. [*Aplausos*] Y probablemente ustedes aquí en Rochester saben más sobre estas cosas que nadie.

Voy a dar un ejemplo de lo que hacen. Usan la prensa, y a través de la prensa divulgan entre el público blanco estadísticas, [*inaudible*] las llaman estadísticas sobre la criminalidad. Porque el público blanco está dividido. Algunos son de buena voluntad y otros no son de buena voluntad. Algunos tienen buenas intenciones y otros no. Esto es cierto. Hay los que son malintencionados, y hay los que tienen buenas intenciones. Y generalmente los malintencionados son más numerosos que los que tienen buenas intenciones. Se necesita un microscopio para encontrar a los que tienen buenas intenciones. [*Aplausos*]

Así que a ellos no les gusta hacer nada sin el apoyo del público blanco. Los racistas, que en general tienen mucha influencia en la sociedad, no maniobran sin antes tratar de poner la opinión pública de su lado. Así que utilizan a la prensa para poner la opinión pública de su lado. Cuando quieren suprimir u oprimir a la comunidad negra, ¿qué hacen? Toman las estadísticas y por medio de la prensa inundan al público con cifras. Hacen que parezca que en la comunidad negra los delitos prevalecen más que en cualquier otro lado.

¿Cuál es el resultado? [*Aplausos*] Este mensaje es un mensaje muy hábil que los racistas usan para hacer que los blancos que no son racistas crean que la tasa de criminalidad en la comunidad negra es altísima. Eso le da a la comunidad negra una imagen criminal. Da la impresión de que todos en la comunidad negra son criminales. Y tan pronto como se ha creado esta impresión, entonces permite, prepara el terreno para crear un estado policiaco en la comunidad negra, con el apoyo total del público blanco cuando la policía llega y usa todo tipo de métodos brutales para reprimir a los negros, partirles la cabeza, soltarles los perros y otras cosas por el estilo. Y los blancos lo aceptan. Porque creen que a fin de cuentas allí todos son unos criminales. Esto es lo que hace la prensa. [*Aplausos*]

Esto requiere habilidad. A esta habilidad se le llama... es una ciencia que se le llama "creación de imágenes". Te mantienen en jaque a través de esta ciencia de las imágenes. Incluso hacen que tú mismo te desprecies, y lo logran dándonos una mala opinión sobre nosotros mismos. Algunos de los nuestros se han tragado esa opinión y la han digerido, a tal grado que ni siquiera quieren vivir en la comunidad negra. No quieren estar cerca de los demás negros. [*Aplausos*]

Es una ciencia que utilizan, muy hábilmente, para hacer que el criminal aparezca como víctima, y para que la víctima aparezca como criminal. Por ejemplo: en Estados Unidos, durante los disturbios en el verano, yo estaba en África, afortunadamente. [*Risas*] Durante esos disturbios, o a causa de esos disturbios, o después de los disturbios, una vez más la prensa, muy hábilmente, describió a los que participaron en los disturbios como maleantes, criminales, ladrones, porque estaban destruyendo propiedades.

Ahora fíjate, es verdad que cierta propiedad fue destruida. Pero veámoslo desde otro ángulo. En estas comunidades negras, la economía de la comunidad no está en manos del hombre negro. El hombre negro no es su propio casero. Los edificios en los que vive le pertenecen a otra persona. Las tiendas en la comunidad las manejan otras personas. Todo en la comunidad está en manos ajenas. No le toca tomar decisiones, sólo vivir allí y pagar los alquileres más altos por el peor tipo de alojamiento. [*Aplausos*] También paga los precios más altos por la comida, comida de la peor calidad. Es víctima de todo esto, víctima de la explotación económica, de la explotación política y de todo tipo de explotación.

Ahora, está tan frustrado, tan reprimido, hay tanta energía explosiva acumulada en sus entrañas, que quisiera desquitarse con el que lo está explotando. Sin embargo, el que lo está explotando no vive en ese vecindario. Es simplemente el dueño de la casa. Es simplemente el dueño de la tienda. Es simplemente el dueño del vecindario. Así que cuando el hombre negro estalla, no está allí el hombre con el que quisiera desquitarse. Entonces destruye la propiedad. No es ladrón. No está tratando de robarse ni esos muebles baratos ni esos productos inferiores. Quiere desquitarse con ustedes, pero ustedes no están allí. [*Aplausos*]

Y los sociólogos, en vez de analizar la verdadera situación, en lugar de tratar de entender la realidad, de nuevo tratan de encubrir el verdadero problema, y usan la prensa para dar la impresión de que se trata de ladrones, de maleantes. ¡No! Son víctimas del robo organizado, de los caseros organizados que no son más que ladrones, comerciantes que no son más que ladrones, políticos que se la pasan sentados en la alcaldía y que no son más que ladrones en contubernio con los caseros y los comerciantes. [*Aplausos*]

Pero usan la prensa para que la víctima aparezca como criminal y el criminal aparezca como la víctima. Y ustedes, que se consideran blancos de buen corazón, —¡ja, ja!—, se lo tragan y quedan tan trastornados como los blancos malos.

Esto es creación de imágenes. Y esta creación de imágenes a nivel local puede entenderse mejor aún con un ejemplo internacional. A nivel internacional el ejemplo más claro y más reciente que ilustra lo que estoy diciendo es lo que sucedió en el Congo. Mira lo que sucedió. Teníamos una situación en la que un avión estaba dejando caer bombas sobre aldeas africanas. Una aldea africana no tiene defensas contra las bombas. ¡Y una aldea africana tampoco presenta una amenaza tan grande que haya que bombardearla! Sin embargo, los aviones estaban dejando caer bombas sobre las aldeas africanas. Al caer, estas bombas no distinguen entre amigos y enemigos. No distinguen entre hombre y mujer. Cuando estas bombas caen sobre las aldeas del Congo, caen sobre mujeres negras, niños negros, bebés negros. Destrozan a esos seres humanos. No escuché ninguna protesta, ni una frase de compasión por estos miles de negros que fueron masacrados por los aviones. [*Aplausos*]

¿Por qué no hubo protestas? ¿Por qué no le preocupó a nadie? Porque una vez más la prensa, de forma muy hábil, había convertido a las víctimas en criminales, y a los criminales en víctimas. [*Aplausos*]

Fíjate que cuando mencionan las aldeas dicen que están "controladas por los rebeldes". Es decir, como son aldeas controladas por los rebeldes pueden destruir a la población, y está perfectamente bien. También se refieren a estos mercaderes de la muerte como "pilotos cubanos anticastristas entrenados por Estados Unidos". Entonces según ellos todo está muy bien. Porque estos pilotos, estos mercenarios, tú sabes lo que es un mercenario, no se trata de un patriota. Mercenarios no son los que van a la guerra por amor a su patria. Un mercenario es un matón a sueldo. Es alguien que mata, que derrama sangre por dinero, la sangre del que sea. Matan a un ser humano tan fácilmente como matan un gato o un perro o una gallina.

Así que estos mercenarios dejan caer bombas sobre aldeas africanas, sin preocuparse en lo más mínimo si se trata o no de mujeres, niños y bebés inocentes e indefensos los que están siendo destruidos por sus bombas. Pero como los llaman "mercenarios" y les dan un nombre pretencioso, no te alteras. Y como los presentan como pilotos con "entrenamiento norteamericano", y son entrenados por Estados Unidos, eso los vuelve aceptables. "Cubanos anticastristas", eso los vuelve aceptables. Castro es un monstruo, por eso cualquiera que se oponga a Castro lo aceptamos, y de allí en adelante pueden hacer lo que les plazca, nosotros lo aceptamos. ¿Ves cómo te engañan? Secuestran tu mente y se la llevan adonde les plazca. [*Aplausos*]

Pero tú tienes que analizar y tomar responsabilidad por todo esto. Porque son aviones norteamericanos, bombas norteamericanas, escoltados por tropas paracaidistas norteamericanas que van armadas con ametralladoras. Pero, como sabes, nos aseguran que no son soldados, que sólo están allí de escolta. Así fue como empezaron con algunos asesores en Vietnam del Sur. Eran 20 mil, y todos eran asesores. No son más que "escoltas". Ellos pueden cometer este asesinato en masa y salirse con la suya bajo la rúbrica de "humanitario", un acto humanitario. O "en nombre de la liberación", "en nombre de la libertad". Todo tipo de consignas altisonantes, pero no deja de ser asesinato a sangre fría, asesinato en masa. Y lo hacen tan hábilmente que tú y yo, que nos consideramos tan sofisticados en este siglo XX, lo podemos observar, y le damos el visto bueno. Simplemente porque se comete contra personas de piel negra, y lo están cometiendo personas de piel blanca.

Toman a un hombre que es un asesino a sangre fría llamado [Moise] Tshombe. Has oído hablar de él, el tío Tom Tshombe. [*Risas* y *aplausos*] Él asesinó al primer ministro, al primer ministro legítimo, [Patrice] Lumumba. Lo asesinó. [*Aplausos*] Ahora bien, he aquí un hombre que es un asesino internacional, escogido por el Departamento de Estado y colocado en el Congo y elevado al poder gracias a los dólares de los impuestos que tú pagas. Es un asesino. Fue contratado por nuestro gobierno. Es un asesino a sueldo. Y para demostrar el tipo de asesino a sueldo que es, tan pronto como asume el cargo, contrata más asesinos de Sudáfrica para que acribillen a su propio pueblo. Y luego ustedes se preguntan por qué está tan desacreditada en todo el mundo la imagen que existe de ustedes como norteamericanos.

Fíjense que dije, "la imagen desacreditada que existe en todo el mundo de *ustedes* como norteamericanos".

Ellos hacen que aceptemos a ese señor diciendo astutamente en la prensa que él es el único que puede unificar al Congo. ¡Ha! Un asesino. No le permiten a China que ingrese a Naciones Unidas porque le declaró la guerra a las tropas de Naciones Unidas en Corea. Tshombe le declaró la guerra a las tropas de Naciones Unidas en Katanga. Ustedes lo apuntalan y le dan dinero. No usan la misma vara de medir. Usan una vara por aquí, y la cambian por allá.

Pero así son ustedes, hoy todo el mundo puede verlos. Ante los ojos del mundo son repugnantes cuando tratan de hacerle creer a la gente que al menos en una época fueron astutos con su superchería. Pero ya su saco de trucos quedó vacío. Todo el mundo puede ver lo que ustedes están haciendo.

La prensa atiza la histeria del público blanco. Luego, cambia de ángulo y trata de suscitar la simpatía del público blanco. Y luego cambia de ángulo nuevamente y trata de hacer que el público blanco apoye cualquier acción criminal en la que ellos estén planeando involucrar a Estados Unidos.

Acuérdense que cuando hablaban de rehenes los llamaban "rehenes blancos". No "rehenes". Decían que estos "caníbales" en el Congo tenían "rehenes blancos". ¡Ah! y esto a ustedes los sacudió. Monjas blancas, sacerdotes blancos, misioneros blancos. ¿Qué diferencia hay entre un rehén blanco y un rehén negro? ¿Qué diferencia hay entre una vida blanca y una vida negra? Ustedes han de creer que hay una diferencia porque su prensa especifica la blancura. "Diecinueve rehenes blancos", les martirizan el corazón. [*Risas y aplausos*]

Durante los meses en que estaban dejando caer cientos y miles de bombas sobre gente negra, no dijeron nada. Tampoco hicieron nada. Pero tan pronto como unos cuantos —un puñado de blancos que en resumidas cuentas no tenían ninguna razón para meterse en ese asunto—, [*Risas y aplausos*] tan pronto sus vidas se vieron involucradas, entonces sí se preocuparon.

Yo estaba en África durante el verano cuando ellos. . . cuando los mercenarios y los pilotos estaban acribillando a gente negra en el Congo como si fueran moscas. Ni siquiera lo mencionaron en la prensa occidental. No lo mencionaron. Y si lo mencionaron, fue en la sección de anuncios clasificados, donde se necesitaría un microscopio para hallarlo.

Y en ese momento los hermanos africanos, en un principio no estaban tomando rehenes. Sólo comenzaron a tomar rehenes cuando se dieron cuenta de que esos pilotos estaban bombardeando sus aldeas. Y entonces tomaron rehenes, los llevaron a las aldeas, y les advirtieron a los pilotos que si tiraban bombas sobre la aldea, iban a darle a su propia gente. Era una maniobra de guerra. Estaban en guerra. Únicamente tomaban un rehén en la aldea para evitar que los mercenarios asesinaran de forma masiva a la gente de esos pueblos. No los hicieron rehenes porque fueran caníbales. O porque se les ocurriera que su carne era sabrosa. Algunos de esos misioneros habían estado allí por 40 años y no se los habían comido. [*Risas y aplausos*] Si hubieran querido comérselos se los habrían comido cuando estaban tiernos. [*Risas y aplausos*] Es que esa vieja carne blanca no se puede digerir ni siquiera cuando es de gallina vieja. [*Risas*]

Son las imágenes. Usan su habilidad para crear imágenes, y luego usan esas imágenes que han creado para confundir a la gente. Para confundir a la gente y hacer que la gente acepte lo malo como bueno y que rechace lo bueno como malo. Hacer que la gente crea que el criminal es la víctima y la víctima el criminal.

Aunque señale todo esto, tú dirás: "¿Qué tiene que ver todo esto con el negro en Estados Unidos? ¿Y qué tiene que ver todo esto con las relaciones entre negros y blancos aquí en Rochester?".

Tienes que comprender. Hasta 1959, la imagen del continente africano la crearon los enemigos de África. África era una tierra dominada por potencias extranjeras. Una tierra dominada por los europeos. Y mientras eran estos europeos los que dominaban el continente de África, eran ellos quienes creaban la imagen de África que se proyectaba en el exterior. Y a África y al pueblo de África los proyectaban con una imagen negativa, una imagen odiosa. Nos hicieron creer que África era una tierra de junglas, una tierra de animales, una tierra de caníbales y de salvajes. Era una imagen odiosa.

Y como tuvieron tanto éxito en proyectar esta imagen negativa de África, los de ascendencia africana que nos hallábamos aquí en Occidente, los afroamericanos, veíamos África como un lugar odioso. Veíamos al africano como un ser odioso. Y si se nos llamaba africanos era como si [*inaudible*], o como si hablaran de nosotros de una manera en que no queríamos que se hablara.

¿Por qué? Porque los opresores saben que no pueden hacer que odies la raíz sin hacer que también odies el árbol. No puedes odiar tus orígenes sin acabar por odiarte a ti mismo. Y como todos vinimos de África, no pueden hacer que odiemos África sin hacer que nos odiemos a nosotros mismos. Lo lograron de una manera muy hábil.

¿Y cuál fue el resultado? Veintidós millones de negros aquí en Estados Unidos que odiaban todo lo nuestro que fuera africano.

Odiábamos las características africanas, las características africanas. Odiábamos nuestro cabello. Odiábamos nuestra nariz, la forma de nuestra nariz, y la forma de nuestros labios, el color de nuestra piel. Sí, lo odiábamos. Y fueron ustedes los que nos enseñaron a odiarnos al manipularnos astutamente para que odiáramos a nuestros antepasados y al pueblo de ese continente.

Mientras odiábamos a ese pueblo, nos odiábamos a nosotros mismos. Mientras siguiéramos odiando la imagen falsa de ese pueblo seguiríamos odiando nuestra verdadera apariencia. Y a mí me llaman maestro del odio. Es que ustedes nos enseñaron a odiarnos. Le enseñaron al mundo a odiar a toda una raza de gente y ahora tienen el descaro de culparnos por odiarlos a ustedes, simplemente porque no nos gusta la soga que nos ponen al cuello. [*Aplausos*]

Cuando se le enseña a un hombre a que odie sus labios, los labios que Dios le dio, la forma de la nariz que Dios le dio, la textura del cabello que Dios le dio, el color de la piel que Dios le dio, se comete el peor crimen que una raza puede cometer. Y ése es el crimen que ustedes han cometido.

Nuestro color se convirtió en una cadena, una cadena sicológica. Nuestra sangre —la sangre africana— se convirtió en una cadena sicológica, una prisión, porque estábamos avergonzados de ella. Y aunque hay gente que te dirá a la cara que no estaba avergonzada, ¡sí lo estaba! Nos sentíamos atrapados porque nuestra piel era negra. Nos sentíamos atrapados porque nos corría sangre africana en las venas.

Así es como nos hicieron prisioneros. No simplemente con traernos y hacernos esclavos. Sino que la imagen que crearon de nuestro suelo materno y la imagen que crearon de nuestro pueblo en ese continente era una trampa, era una prisión, era una cadena. Es la peor forma de esclavitud que haya sido inventada jamás en la historia del mundo por una raza supuestamente civilizada y por una nación supuestamente civilizada.

Y en este país puede verse todavía el resultado de todo esto entre nuestro pueblo. Al odiar nuestra sangre africana, nos sentíamos inadecuados, nos sentíamos inferiores, nos sentíamos impotentes. Y en nuestro estado de impotencia no trabajábamos para ayudarnos a nosotros mismos. Recurrimos a ustedes y les pedimos ayuda, y decidieron no ayudarnos. Nos sentíamos inadecuados. Recurrimos a ustedes para pedirles consejos y nos aconsejaron mal. Les pedimos dirección y nos tenían dando vueltas en círculos.

Pero las cosas han cambiado. Dentro de nosotros mismos. ¿Y de dónde surgen los cambios? En 1955, en Indonesia, en Bandung, se realizó una conferencia de pueblos de piel oscura. Los pueblos de África y de Asia se reunieron por primera vez en siglos. No tenían armas nucleares, no tenían flotillas aéreas, ni marina. Sin embargo, intercambiaron experiencias sobre su sufrimiento y se dieron cuenta de que todos teníamos algo en común: la opresión, la explotación, el sufrimiento. Y que teníamos un opresor común, un explotador común.

Si un hermano venía de Kenia, llamaba a su opresor inglés; venía otro del Congo y llamaba a su opresor belga; otro venía de Guinea, llamaba a su opresor francés. Pero cuando poníamos juntos a todos los opresores hay algo que todos ellos tenían en común: todos venían de Europa. Y este europeo estaba oprimiendo a los pueblos de África y de Asia.

Y ya que veíamos que teníamos una opresión común, y una explotación común, una tristeza y un dolor comunes, nuestra gente comenzó a unirse en la Conferencia de Bandung y decidió que ya era hora de que olvidáramos nuestras diferencias. Teníamos diferencias. Algunos eran budistas, otros practicaban el hinduismo, otros eran cristianos, otros eran musulmanes, algunos no tenían ninguna religión. Algunos eran socialistas, otros capitalistas, algunos comunistas y otros no tenían sistema económico alguno. Pero a pesar de todas las diferencias que existían se pusieron de acuerdo en una cosa: el espíritu de Bandung, a partir de entonces, fue de reducir el énfasis en las diferencias y hacer énfasis en lo que teníamos en común.

Y fue el espíritu de Bandung el que hizo arder las llamas del nacionalismo y de la libertad no sólo en Asia, sino especialmente en el continente africano. De 1955 a 1960 las llamas del nacionalismo, de la independencia del continente africano, alcanzaron tanto resplandor y tanta furia que lograron quemar y azotar todo lo que les salió al paso. Y ese mismo espíritu no se limitó al continente africano. De una forma o de otra se introdujo en el hemisferio occidental y llegó al corazón, a la mente y al alma del negro en el hemisferio occidental que supuestamente había estado separado del continente africano por casi 400 años.

Y ese mismo deseo de libertad que motivó al hombre negro en el continente africano comenzó a arder en el corazón y en la mente y en el alma del hombre negro aquí, en Sudamérica, Centroamérica y Norteamérica, demostrándonos que no estábamos separados. Aunque nos separaba un océano nos palpitaba el mismo corazón.

El espíritu del nacionalismo en el continente africano empezó a derrumbar a las potencias, las potencias coloniales. Ya no pudieron seguir allí. Los británicos tuvieron problemas en Kenia, Nigeria, Tangañica, Zanzíbar y en otras áreas del continente. Los franceses tuvieron problemas en toda la zona francesa del oeste ecuatorial de África. Incluso Argelia se volvió un problema para Francia. El Congo ya no iba a permitir que los belgas permanecieran allí. Todo el continente africano empezó a arder de 1954-55 hasta 1959. Para 1959 ya no pudieron permanecer allí ni un momento más.

No es que se quisieran marchar. No es que de repente se volvieran buenos. No es que de repente dejaran de querer seguir explotando al hombre negro y robarle sus recursos naturales. Sino que era el espíritu de la independencia que ardía en el corazón y en la mente del hombre negro: ya no iba a permitir que se le colonizara, que se le oprimiera y que se le explotara; estaba dispuesto a dar la vida y a quitarle la vida a cualquiera que tratara de arrebatarle la suya; ése era el nuevo espíritu.

Las potencias coloniales no se fueron. ¿Qué fue lo que hicieron? Cuando un tipo está jugando baloncesto y —obsérvalo bien— si los jugadores del equipo contrario lo acorralan y él no quiere deshacerse del balón, si no quiere perder el balón, se lo tiene que pasar a alguien que esté en campo libre, alguien de su propio equipo. Y como Bélgica y Francia y Gran Bretaña y estas otras potencias coloniales estaban acorraladas —fueron desenmascaradas como potencias coloniales— tenían que hallar a alguien que todavía se encontrara libre, y el único que estaba libre con respecto a los africanos era Estados Unidos. Así que le pasaron el balón a Estados Unidos. Y esta administración lo agarró y desde entonces ha estado corriendo como loca. [*Risas y aplausos*]

Tan pronto como se apoderaron del balón, se dieron cuenta de que se les planteaba un problema nuevo. El problema era que los africanos habían despertado. Y al despertar ya no tenían miedo. Y puesto que los africanos ya no tenían miedo, las potencias europeas ya no pudieron quedarse en ese continente a la fuerza. Entonces nuestro Departamento de Estado tomó el balón y, según su nuevo análisis, se dio cuenta de que tendría que emplear una nueva estrategia para poder reemplazar a las potencias coloniales de Europa.

¿Cuál fue su estrategia? Hacerse los muy amigos. En vez de poner cara de perro, comenzaron a sonreírles a los africanos: "Somos tus amigos". Pero para convencer al africano de que ellos eran sus amigos, tuvieron que fingir que también eran amigos nuestros aquí.

No conseguiste que el hombre te sonriera porque te hayas puesto bravo, no. Él estaba tratando de impresionar a nuestro hermano al otro lado del mar. Te sonrió para que su sonrisa fuera consecuente. Comenzó a usar una táctica amistosa por allá. Una táctica benévola. Una táctica filantrópica. Llámalo colonialismo benévolo. Imperialismo filantrópico. Humanitarismo respaldado con dolarismo. Medidas simbólicas. Ésta es la táctica que usaron. No fueron para allá con buenas intenciones. ¿Cómo pueden ir de aquí al continente africano con el Cuerpo de Paz y con la Operación *Crossroads* y todos esos grupos cuando están linchando a negros en Misisipí? ¿Cómo podrían justificarlo? [*Aplausos*]

¿Cómo pueden preparar misioneros que supuestamente están allá enseñando sobre Cristo, y no permitir que un negro entre a la iglesia de su Cristo aquí mismo en Rochester, ya no se diga en el sur del país? [*Aplausos*] Vale la pena pensar en eso. Me da rabia nada más de pensar en eso. [*Risas*]

Los años entre 1954 y 1964 pueden considerarse fácilmente como la época del surgimiento del estado africano. Y conforme surgió el estado africano entre 1954 y 1964, ¿qué impacto, qué efecto tuvo sobre el afroamericano, sobre el negro norteamericano? Conforme el negro en África obtuvo su independencia, eso le permitió forjar su propia imagen. Hasta 1959, cuando tú y yo pensábamos en un africano, pensábamos en una persona desnuda, que venía con tantanes, con huesos atravesados por la nariz. ¡Claro que sí!

Ésa era la única imagen mental que tenías del africano. Y desde 1959, cuando comenzaron a ingresar a la ONU y los veías en televisión, te quedabas sorprendido. Esos africanos podían hablar inglés mejor que tú. Eran más sensatos que tú. Tenían más libertad que tú. Y a los lugares adonde ni siquiera podías ir, [*Aplausos*] lugares adonde no podías entrar, lo único que ellos tenían que hacer era ponerse su túnica y pasaban sin problemas. [*Risas y aplausos*]

Esto tenía que sacudirte. Y sólo cuando te sacudieron empezaste realmente a despertar. [*Risas*]

Mientras las naciones africanas obtenían su independencia y la imagen del continente africano comenzaba a cambiar, al mismo grado que la imagen de África cambiaba de negativa a positiva, subconscientemente, el negro por todo el hemisferio occidental, en su mente subconsciente, comenzó a identificarse con esa imagen africana positiva que estaba surgiendo.

Y cuando vio al negro del continente africano adoptar una actitud intransigente, se llenó de los mismos deseos de adoptar esa actitud intransigente. La misma imagen, la misma —así como la imagen africana era negativa, esa apariencia de limosneros, dispuestos a aceptar componendas, temerosos—, nosotros también éramos así. Pero cuando empezamos a leer acerca de Jomo Kenyatta y de los mau mau y otros, se vio que los negros en este país comenzaron a pensar de forma similar. Y mucho más de lo que muchos quisieran admitir.

Cuando vieron. . . así como tuvieron que cambiar de táctica con el pueblo del continente africano, también comenzaron a cambiar de táctica con nuestro pueblo en este continente. En la medida que usaron concesiones simbólicas y toda una serie de tácticas amistosas, benévolas, filantrópicas hacia el continente africano, que no eran más que esfuerzos simbólicos, también comenzaron a hacer lo mismo con nosotros aquí en Estados Unidos.

Concesiones simbólicas. Crearon todo tipo de programas que en realidad no estaban encaminados a resolver los problemas de nadie. Todas las medidas que tomaron fueron simbólicas. Jamás realizaron una verdadera iniciativa práctica para resolver el problema. Salieron con una decisión de la Corte Suprema contra la segregación que todavía no han llevado a la práctica. Ni aquí en Rochester ni mucho menos en Misisipí. [*Aplausos*]

Engañaron a la gente de Misisipí tratando de hacerle creer que iban a integrar la Universidad de Misisipí. Metieron a un negro a la universidad con el respaldo de unas 6 mil… 15 mil tropas, si mal no recuerdo. Y creo que les costó 6 millones de dólares. [*Risas*]

Y tres o cuatro personas resultaron muertas durante ese espectáculo. Y no fue más que un espectáculo. Ahora fíjate, después de que uno de ellos logró entrar, dijeron que había integración en Misisipí. [*Risas*]

Metieron a dos de ellos en una escuela en Georgia y dijeron que había integración en Georgia. Les debería dar vergüenza. En serio, si yo fuera blanco, me daría tanta vergüenza que me escondería debajo de una alfombra. [*Risas y aplausos*] Y estando debajo de esa alfombra me sentiría tan chiquito que no dejaría ni siquiera un bulto. [*Risas*]

Estas medidas simbólicas consistían en un programa diseñado para beneficiar a tan sólo un puñado de negros escogidos. Y a estos negros escogidos les dieron puestos altos, y los usaron para que abrieran la boca y le dijeran al mundo: "vean cuánto estamos progresando". Deberían decir: "vean cuánto *estoy* progresando". Porque mientras esos negros privilegiados estaban dándose la buena vida, codeándose con los blancos, yendo a Washington, las masas de gente negra en este país seguían viviendo en los tugurios y en los ghettos. Las masas, [*Aplausos*] las masas de gente negra en este país siguen desempleadas, y las masas de gente negra en este país siguen yendo a las peores escuelas y obteniendo la peor educación.

Durante la misma época apareció un movimiento conocido como el movimiento de los Musulmanes Negros. El movimiento de los Musulmanes Negros hizo lo siguiente: hasta que no apareció el movimiento de los Musulmanes Negros, la NAACP era considerada radical. [*Risas*] La querían investigar. La querían investigar. CORE y todos los demás grupos eran considerados sospechosos. No se oía hablar de King. Cuando el movimiento de los Musulmanes Negros apareció diciendo todo lo que ellos dicen, el blanco dijo, "¡Gracias a Dios por la NAACP!". [*Risas y aplausos*]

El movimiento de los Musulmanes Negros ha hecho que la NAACP se vuelva aceptable ante los blancos. Hizo que sus líderes se volvieran aceptables. Y comenzaron a referirse a ellos como los líderes negros responsables. [*Risas*] Lo que quería decir que eran responsables ante los blancos. [*Aplausos*] Y no estoy atacando a la NAACP. Sólo te la estoy describiendo. [*Risas*] Y lo peor es que no lo puedes negar. [*Risas*]

Así que ésta es la contribución que hizo ese movimiento. Asustó a mucha gente. Mucha gente que no actuaba por amor al prójimo comenzó a portarse bien por miedo. Porque Roy [Wilkins] y [James] Farmer y algunos otros le solían decir a los blancos: "miren, si ustedes no nos tratan bien, entonces van a tener que lidiar con ellos". Nos usaban para mejorar su posición, su propia posición negociadora. Independientemente de lo que opines de la filosofía del movimiento de los Musulmanes Negros, cuando analizas el papel que jugó en la lucha del pueblo negro durante los últimos 12 años tienes que ubicarlo en su contexto adecuado y verlo con una perspectiva adecuada.

El movimiento en sí atrajo a los elementos más combativos, los más insatisfechos, los más intransigentes de la comunidad negra. Y también a los elementos más jóvenes de la comunidad negra. Y en la medida que este movimiento creció, atrajo a todos estos elementos militantes, intransigentes e insatisfechos.

El movimiento en sí supuestamente estaba basado en la religión del islam y por lo tanto era supuestamente un movimiento religioso. Pero el mundo del islam o el mundo musulmán ortodoxo jamás hubiera aceptado al movimiento de los Musulmanes Negros como parte auténtica de esa religión, así que los que pertenecíamos a ese movimiento quedamos en una especie de vacío religioso. Nos hacía identificarnos en base a una religión, pero el mundo en el que se practicaba esa religión nos rechazaba por no ser practicantes genuinos, practicantes de esa religión.

También el gobierno trató de manipularnos y de tildarnos como políticos y no como religiosos, de manera que nos pudieran acusar de sedición y subversión. Ésta es la única razón. Sin embargo, aunque nos calificaron de políticos, como nunca se nos permitió participar en la política, políticamente también estábamos en un vacío. Estábamos en un vacío religioso. Estábamos en un vacío político. En realidad estábamos enajenados, separados de todo tipo de actividad, inclusive del mundo contra el que estábamos luchando.

Nos convertimos en una especie de híbrido religioso-político, quedamos aislados. Sin involucrarnos en nada, parados al margen y condenando todo. Pero sin poder corregir nada porque no podíamos actuar.

Pero al mismo tiempo, la naturaleza del movimiento era tal que atraía a los activistas. Atraía a los que querían acción. Atraía a los que querían hacer algo contra los males que enfrentaban todos los negros. No nos preocupaba tanto la religión del negro. Porque fuera metodista o bautista o ateo o agnóstico todos vivíamos en las mismas condiciones infernales.

Entonces veíamos que teníamos que actuar, hacer algo, y los que éramos activistas quedamos decepcionados, desilusionados. Finalmente se produjo disensión y nos escindimos. Los que nos separamos éramos los verdaderos activistas del movimiento, los que éramos suficientemente inteligentes como para desear un programa que nos permitiera luchar por los derechos de todos los negros aquí en el hemisferio occidental.

Pero al mismo tiempo queríamos nuestra religión. Entonces, cuando nos separamos, lo primero que hicimos fue reagruparnos en una nueva organización conocida como la Mezquita Musulmana, con sede en Nueva York. Y en esa organización adoptamos la religión auténtica y ortodoxa del islam, que es una religión fraternal.

Al aceptar esta religión y montar una organización que pudiera practicar esa religión —e inmediatamente esta Mezquita Musulmana fue reconocida y apoyada por los funcionarios religiosos del mundo musulmán—, al mismo tiempo nos dimos cuenta de que en esta sociedad teníamos un problema que iba mucho más allá de la religión. Y por esa razón establecimos la Organización de la Unidad Afro-Americana, en la que cualquier miembro de la comunidad pudiera participar en un programa de acción diseñado para lograr el pleno reconocimiento y respeto del pueblo negro como parte del género humano.

El lema de la Organización de la Unidad Afro-Americana es: "Por todos los medios que sean necesarios". No creemos en librar una batalla que va a. . . en la cual nuestros opresores van a dictar las reglas. No creemos que podemos ganar una batalla donde las reglas las dicten los que nos explotan. No creemos que podemos continuar una batalla tratando de ganarnos el afecto de aquellos que por tanto tiempo nos han oprimido y explotado.

Creemos que nuestra lucha es justa. Creemos que nuestras reivindicaciones son justas. Creemos que las injusticias contra los negros en esta sociedad son un crimen y los que se involucran en dichas prácticas criminales no pueden ser vistos más que como criminales. Y creemos que tenemos derecho a luchar contra esos criminales por todos los medios que sean necesarios.

Esto no significa que favorecemos la violencia. Sin embargo, hemos visto que el gobierno federal ha mostrado su incapacidad, su absoluta falta de voluntad de proteger la vida y la propiedad de los negros. Hemos visto cómo los racistas blancos organizados, miembros del Ku Klux Klan, del Consejo de Ciudadanos Blancos y otros grupos, entran a las comunidades negras y agarran a un negro y lo hacen desaparecer y no se hace nada al respecto. Hemos visto que pueden entrar. [*Aplausos*]

Nosotros reevaluamos nuestra condición. Si nos remontamos a 1939, los negros en Estados Unidos estaban lustrando zapatos. Los más instruidos daban lustre en Michigan, de donde yo vengo, en Lansing, la capital. Los mejores trabajos que podías conseguir en la ciudad eran los de llevar las bandejas en el club campestre para servirles comida a los blancos. Y por lo general el mesero del club campestre era visto como un tipo importante porque se había conseguido un buen trabajo entre la "buena gente blanca", sí. [*Risas*]

Tenía la mejor educación y sin embargo lustraba zapatos en la Cámara Estatal, el capitolio. Lustrándole los zapatos al gobernador y al procurador general, y eso lo convertía en alguien que sabía lo que estaba pasando, sí, porque le podía lustrar los zapatos a los blancos que ocupaban puestos altos. Cuando los que estaban en el poder querían saber qué estaba sucediendo en la comunidad negra, iban donde su criado. Él era lo que se conoce como el "negro de la ciudad", el líder de los negros. Y los que no lustraban zapatos, los predicadores, ellos también tenían una gran influencia en la comunidad. Eso es lo único que nos dejaban hacer: lustrar zapatos, servir de meseros y predicar. [*Risas*]

En 1939, antes de que Hitler desatara sus ataques, o más bien en esa época —sí, antes de que Hitler desatara sus ataques—, un negro ni siquiera podía trabajar en las fábricas. Estábamos cavando zanjas para la WPA [Agencia de Obras Públicas]. Algunos de ustedes se olvidaron demasiado pronto. Estábamos cavando zanjas para la WPA. La comida nos venía de la beneficencia social, venía marcada: "prohibida la venta". Yo vi tantas cosas de la tienda con el sello de "prohibida la venta" que creí que en algún lado había una tienda con ese nombre. [*Risas*]

Ésa era la situación del hombre negro hasta 1939. En 1940, cuando la guerra... en 1941, cuando la guerra... no, creo que Hitler empezó a destruir todo en 1939. Hasta que no empezó la guerra nos limitaban a esas labores de criados. Cuando empezó la guerra ni siquiera nos aceptaban en el ejército. No reclutaban a los negros. ¿Los reclutaban o no? ¡No! No podías entrar a la marina de guerra. Y no te reclutaban. ¡Esto ocurrió hasta 1939 en Estados Unidos de Norteamérica! Te enseñaban a cantar "Dulce tierra de la libertad" y todas esas tonterías.

¡No! No podías entrar al ejército. No podías entrar a la marina. Ni siquiera te reclutaban. Sólo aceptaban blancos. No nos empezaron a reclutar sino hasta que abrió la boca el líder negro, [*Risas*] diciendo, "Si tienen que morir los blancos, también debemos morir nosotros". [*Risas* y *aplausos*]

El líder negro consiguió que mataran a muchísimos negros en la Segunda Guerra Mundial que nunca debieron haber muerto. Cuando Estados Unidos entró a la guerra, inmediatamente se topó con escasez de mano de obra. Hasta el inicio de la guerra, ni siquiera podías entrar a una fábrica. Yo vivía en Lansing, donde estaban las plantas de la Oldsmobile y de la Reo. Habían tres negros en toda la planta, y cada uno tenía una escoba. Tenían educación. Habían ido a la escuela. Creo que uno había ido a la universidad. Pero era un "escobólogo". [*Risas*]

Cuando la situación se puso difícil y empezó a faltar la mano de obra, entonces nos dejaron entrar a la fábrica. No como resultado de nuestro propio esfuerzo. No fue a causa de un repentino despertar moral de su parte. Nos necesitaban. Necesitaban la mano de obra. La mano de obra que fuera. Y cuando se vieron desesperados y con tanta necesidad, abrieron el portón de la fábrica y nos dejaron entrar.

Entonces empezamos a aprender a manejar las máquinas. Entonces sí empezamos a aprender a manejar maquinaria cuando ellos nos necesitaron. Metieron a nuestras mujeres lo mismo que a nuestros hombres. Al aprender a manejar las máquinas comenzamos a ganar más dinero. Cuando comenzamos a ganar más dinero pudimos vivir en barrios un poco mejores. Cuando nos mudamos a los barrios mejores fuimos a escuelas un poco mejores. Y cuando fuimos a esas mejores escuelas recibimos una educación un poco mejor y nos pusimos en una mejor posición para conseguir trabajos un poco mejores.

No es que cambiaran los sentimientos de su parte. No fue el despertar repentino de su conciencia moral. Fue Hitler. Fue Tojo. Fue Stalin. Sí, fue la presión del exterior, a nivel mundial, la que nos permitió dar unos cuantos pasos hacia adelante.

¿Por qué no querían reclutarnos y meternos en el ejército en primer lugar? Nos habían tratado tan mal, que tenían miedo de que si nos ponían en el ejército y nos daban un arma y nos enseñaban a disparar. . . [*Risas*] tenían miedo de que no iban a tener que decirnos contra qué disparar. [*Risas* y *aplausos*]

Y lo más probable es que no hubieran tenido que decirnos nada. Era su propia conciencia. Yo señalo todo esto para mostrar que no fue un cambio en los sentimientos del tío Sam lo que permitió que algunos de nosotros pudiéramos dar unos pasos hacia adelante. Fue la presión mundial. Fue la amenaza del exterior. El peligro del exterior fue lo que hizo. . . fue lo que lo preocupó y lo obligó a permitirnos a ti y a mí que nos irguiéramos un poquito más. No porque quería vernos erguidos. No porque quería vernos avanzar. Se vio obligado a hacerlo.

Y cuando analizas bien los elementos que abrieron las puertas, incluso hasta qué punto fueron abiertas a la fuerza, cuando ves lo que sucedió, vas entendiendo mejor tu posición. Vas entendiendo mejor la estrategia que necesitas hoy. Cualquier movimiento a favor de la libertad del pueblo negro que se base exclusivamente dentro de las fronteras de Estados Unidos está condenado absolutamente al fracaso. [*Aplausos*]

Y mientras lidies con el problema dentro del contexto de Estados Unidos, los únicos aliados que vas a conseguir van a ser conciudadanos norteamericanos. Mientras lo sigas llamando un problema de derechos civiles, será un problema interno dentro de la jurisdicción del gobierno de Estados Unidos. Y el gobierno de Estados Unidos está compuesto por segregacionistas y por racistas. Los hombres más poderosos del gobierno son racistas. Este gobierno está controlado por 36 comités. Son 20 comités en el Congreso y 16 comités en el Senado. Trece de los 20 congresistas que dirigen los comités del Congreso son del Sur. Diez de los 16 senadores que controlan los comités en el Senado son del Sur. Lo que significa que, de los 36 comités que gobiernan la dirección y el temperamento de la política exterior y la política interior del país en que vivimos, de los 36, hay 23 que están en manos de racistas. Segregacionistas declarados y absolutos. Esto es lo que tú y yo enfrentamos. Estamos en una sociedad donde el poder está en manos de gente de la peor estirpe de la humanidad.

Ahora, ¿cómo los vamos a burlar? ¿Cómo vamos a obtener justicia en un Congreso que ellos controlan? ¿O en un Senado que ellos controlan? ¿O en una Casa Blanca que ellos controlan? ¿O en una Corte Suprema que ellos controlan?

Tú dirás: "Mira la hermosa decisión que emitió la Corte Suprema". Caramba, ¡mírala! ¿Acaso no sabemos que estos tipos de la Corte Suprema son expertos no sólo en leyes, sino en la palabrería legal? Son tan expertos en cuestiones de lenguaje legal que fácilmente podrían haber emitido una decisión contra la segregación en la enseñanza pública redactada de tal manera que nadie podría evadirla. Pero la redactaron de tal manera que ya han pasado 10 años y vemos que tiene todo tipo de exenciones. Sabían lo que estaban haciendo. Fingen darte algo cuando saben que no vas a poder usarlo.

El año pasado promulgaron una ley de derechos civiles y le hicieron publicidad por todo el mundo como si fuera el camino a la tierra prometida de la integración. ¡Cómo no! Apenas la semana pasada, el honorable y reverendo doctor Martin Luther King salió de la cárcel y fue a Washington, diciendo que iba a solicitar todos los días nuevas leyes para proteger el derecho al voto de los negros en Alabama. ¿Por qué? Si acaban de aprobar legislación. Acaban de darte la ley de los derechos civiles. ¿Estás diciendo acaso que la tan mentada ley de derechos civiles no le da al gobierno federal ni siquiera la autoridad suficiente para proteger a la gente negra en Alabama que simplemente quiere inscribirse para votar? No es más que otro embuste asqueroso, igual que nos han engañado año tras año. Otro embuste asqueroso. [*Aplausos*]

Entonces, como vemos... no quiero que pienses que estoy predicando el odio. Yo amo a todos los que me aman. [*Risas*] Pero no amo a los que no me aman, ¡no, señor! [*Risas*]

Como vemos todos estos engaños, esta superchería, estas maniobras... no sólo a nivel federal, a nivel nacional, a nivel local, es a todos los niveles. La joven generación de negros que está brotando ahora puede ver que si esperamos a que el Congreso y el Senado y la Corte Suprema y el presidente resuelvan nuestros problemas, nos van a tener dando vueltas por otros mil años. Y esos días ya se acabaron.

Desde que se promulgó la ley de los derechos civiles... yo solía ver a los diplomáticos africanos en la ONU denunciar las injusticias que se cometían contra los negros en Mozambique, en Angola, en el Congo, en Sudáfrica, y me preguntaba por qué y cómo podían regresar a sus hoteles y encender el televisor y ver que a unas cuadras de allí perros policía estaban mordiendo a los negros, y ver que apenas a unas cuadras la policía les partía la cabeza a los negros con sus cachiporras, y que apenas a unas cuadras tiraban el cañón de agua contra los negros con tanta presión que nos desgarraba la ropa. Y yo me preguntaba cómo podían hablar tanto acerca de lo que pasaba en Angola y en Mozambique y en todos esos estados violentos, ver lo que sucedía a unas cuadras, y pararse frente al podio de la ONU y no decir nada al respecto.

Así que fui y lo discutí con algunos de ellos. Y me dijeron que mientras el negro en Estados Unidos califique su lucha como una lucha por los derechos civiles, en el contexto de los derechos civiles es una cuestión interna y permanece bajo la jurisdicción de Estados Unidos. Y si alguno de ellos abriera la boca para decir algo al respecto, se consideraría una violación de las leyes y normas del protocolo. Y la diferencia con los otros pueblos era que ellos no calificaban sus reivindicaciones como reivindicaciones por los "derechos civiles", sino que las calificaban como reivindicaciones por los "derechos humanos". Los "derechos civiles" están bajo la jurisdicción del gobierno donde se disputan. Pero los "derechos humanos" son parte de la carta de Naciones Unidas.

Todas las naciones que firmaron la carta de la ONU redactaron la Declaración de los Derechos Humanos, y cualquiera que clasifique sus reivindicaciones bajo el título de violaciones de los "derechos humanos", esos reclamos se pueden llevar ante Naciones Unidas y pueden ser discutidos por el mundo entero. Mientras se les llame "derechos civiles" sólo puedes buscar aliados entre la gente de la comunidad vecina, que a menudo es la responsable de tus problemas. Pero cuando son "derechos humanos" se convierten en asunto internacional. Entonces puedes llevar tus problemas a la Corte Mundial. Los puedes presentar ante el mundo. Y cualquiera, en cualquier parte del mundo, puede ser tu aliado.

Por eso, uno de los primeros pasos que tomamos, los que estábamos en la Organización de la Unidad Afro-Americana, fue elaborar un programa que haría que nuestras reivindicaciones se volvieran reivindicaciones internacionales, y haría que el mundo viera que nuestro problema ya no era un problema de los negros o un problema norteamericano sino un problema humano; un problema para la humanidad. Y un problema que debería ser abordado por todos los elementos de la humanidad; un problema tan complejo que sería imposible que el tío Sam lo resolviera por su propia cuenta. Y por eso queremos ir ante un organismo o una conferencia con gente que pueda ayudarnos a rectificar esta situación antes que se vuelva tan explosiva que ya nadie la pueda manejar.

Gracias. [*Aplausos*]

BARNARD COLLEGE, NUEVA YORK

Los oprimidos contra los opresores

Mil quinientos estudiantes y profesores de la universidad Barnard College en Nueva York escucharon este último discurso de Malcolm X. El tema de la presentación, auspiciada por el Comité de Intercambio Estudiantil, fue "La revolución negra y sus efectos sobre el negro en el hemisferio occidental". Tres días más tarde Malcolm fue asesinado.[33] Aunque no se conoce una versión grabada, fragmentos de su discurso —incluyendo los siguientes— aparecieron en los periódicos estudiantiles de las universidades Barnard y Columbia.

[...] Vivimos en una época de revoluciones, y la revuelta del negro norteamericano es parte de la rebelión contra la opresión y el colonialismo que han caracterizado esta época. [...]

Es incorrecto clasificar la revuelta del negro como un simple conflicto racial de los negros contra los blancos o como un problema puramente norteamericano. Más bien, lo que hoy contemplamos es una rebelión global de los oprimidos contra los opresores, de los explotados contra los explotadores.

La revolución negra no es una revuelta racial. Estamos interesados en practicar la fraternidad con cualquiera que tenga verdadero interés en vivir conforme a la fraternidad. Pero el blanco ha predicado durante mucho tiempo una vacía doctrina de fraternidad que significa básicamente que el negro acepte pasivamente su destino. [. . .]

Apéndices

Malcolm X habla en el Militant Labor Forum
en Nueva York el 8 de abril de 1964.
FOTOGRAFIA DE ROBERT PARENT

Una voz auténtica de las fuerzas que harán la revolución en Estados Unidos

5 de marzo de 1965
EN HOMENAJE A MALCOLM X, POR JACK BARNES

A continuación publicamos extractos mayores de uno de los discursos en homenaje a Malcolm X que fueron presentados en una reunión pública organizada por el Militant Labor Forum en Nueva York. Jack Barnes era entonces el secretario nacional de la Alianza de la Juventud Socialista. Los otros oradores fueron James Shabazz de la Mezquita Musulmana, Inc.; Robert Vernon, que escribía para el semanario socialista *The Militant;* y Farrell Dobbs, secretario nacional del Partido Socialista de los Trabajadores. La reunión fue moderada por Clifton DeBerry, candidato del PST para presidente de Estados Unidos en 1964.

Esta noche quisiera hablar no sólo en nombre de la juventud socialista, de la Alianza de la Juventud Socialista, sino en nombre de todos los jóvenes revolucionarios de nuestro movimiento alrededor del mundo que habrían querido participar en una reunión conmemorando a Malcolm X pero que no pueden estar aquí. Me refiero sobre todo a los que en África, el Medio Oriente, Francia e Inglaterra recientemente tuvieron la oportunidad de ver y oír a Malcolm.

Malcolm fue el dirigente de la lucha por la liberación del pueblo negro. Fue, como dijo [el artista] Ossie Davis en su funeral, el príncipe negro resplandeciente, la virilidad de los Harlems del mundo. Le pertenece en primer lugar, y por encima de todo, a su pueblo.

Sin embargo, también fue el maestro, el inspirador y el dirigente de un grupo mucho más pequeño, la juventud socialista revolucionaria de Estados Unidos. Para nosotros era el rostro y la voz auténtica de las fuerzas que harán la revolución en Estados Unidos. Y por encima de todo, siempre dijo la verdad para nuestra generación de revolucionarios.

¿Qué era lo que atraía a los jóvenes revolucionarios hacia Malcolm X? Más importante aún, ¿qué es lo que a menudo convertía en revolucionarios a los jóvenes que lo escuchaban, incluso a jóvenes blancos? Yo creo que principalmente fueron dos cosas. En primer lugar, él decía la pura verdad: la verdad sin adornos, la verdad sin barnices y la verdad intransigente. Y en segundo lugar, la evolución y el contenido del pensamiento político de Malcolm.

Malcolm vio hasta qué grado llegaban la hipocresía y la falsedad que esconden las verdaderas relaciones sociales en la sociedad norteamericana. Para él lo decisivo no eran tanto las mentiras que propagaban la clase dominante y sus portavoces, sino las mentiras y falsedades acerca de la historia y las capacidades de su pueblo, que el pueblo negro aceptaba.

El mensaje de Malcolm al ghetto, su agitación contra el racismo, tenía un carácter especial. Lo que decía y lo que hacía eran fruto del estudio de la historia de los afroamericanos. Explicó que para que los norteamericanos negros supieran qué hacer —para saber cómo lograr la libertad— primero tenían que responder a tres preguntas: ¿De dónde viniste? ¿Cómo llegaste adonde estás? ¿Quién es responsable de tu situación?

La verdad que planteaba Malcolm era explosiva porque partía de un estudio detallado de cómo fue esclavizado y deshumanizado el afroamericano. Él sacó a la luz pública la realidad que ha sido suprimida de los libros de historia tradicionales y que se ignora en las escuelas.

Mientras fue miembro de los Musulmanes Negros y después de que los dejó, Malcolm explicó que los africanos fueron esclavizados mediante un proceso de deshumanización. Les enseñaron a temer al blanco mediante una crueldad bárbara, comparable a la de los peores campos de concentración de los nazis. Los despojaron sistemáticamente de su lengua, cultura, historia, nombre, religión y todo lo vinculado a su hogar en África: los despojaron de su identidad. Los llamaron *Negroes,* queriendo indicar falta de identidad y una negación de su origen africano.

Especialmente después de su "emancipación" les inculcaron la virtud cristiana de la humildad y de la sumisión y de su recompensa en el cielo. Les enseñaron que África era una jungla donde la gente vivía en chozas de barro y que al traerlos a Estados Unidos el hombre blanco les había hecho un gran favor.

Malcolm le preguntó al negro norteamericano: ¿Quién te enseñó a odiarte? ¿Quién te enseñó a ser pacifista? ¿Acaso es pacifista ese hombre? ¿Quién dijo que el pueblo negro no se puede defender a sí mismo? ¿Acaso ese hombre no se defiende? ¿Quién te enseñó a no pasarte de la raya y a no avanzar demasiado aprisa en tu lucha por la libertad? ¿Tiene ese hombre algo que perder con la rapidez de tu victoria? ¿Quién te enseñó a votar por la zorra para escaparte del lobo? ¿Qué es lo que te da a cambio la zorra?

Estas preguntas y muchas más no necesitaban respuesta. Todas estaban dirigidas a los que no tienen nada que perder y a los que no tienen nada que defender en el sistema tal y como existe hoy en día.

Sus ideas políticas fueron el otro factor que jugó un papel importante en el desarrollo de los que aprendieron de él. En primer lugar, él creía que la unidad afroamericana era necesaria y lo explicaba. Creía que era necesario que tus alianzas partieran de tu propia unidad y rechazaba incondicionalmente toda alianza degradante o que se basara en sacrificar principios. La batalla por la libertad sólo se puede librar partiendo de esta unidad y de la dignidad y el respeto que la acompañan. Los que evadieran este paso condenarían a los negros norteamericanos a no ser más que la cola de un cometa dirigido por fuerzas más conservadoras.

"No podemos pensar en unirnos a otra gente hasta que primero no nos hayamos unido nosotros mismos. No podemos ni pensar en ser aceptables para los demás hasta que primero no hayamos demostrado que somos aceptables para nosotros mismos. Uno no puede unir plátanos con hojas sueltas". Malcolm sabía que los afroamericanos ya estaban cansados de este tipo de unidad con los liberales, con el Partido Comunista y con el Partido Socialista.

En segundo lugar, él habló sobre la defensa propia y el verdadero significado de la violencia. Continuamente señalaba que el que causa la violencia no es el oprimido sino el opresor. Constantemente señalaba cómo el opresor usa la violencia. Por un lado de la boca el gobierno y la prensa le predican al negro norteamericano el pacifismo, mientras que por el otro lado de la boca anuncian fríamente que van a aniquilar a todos los norvietnamitas que les dé la gana. Malcolm nunca se cansó de señalar la hipocresía que encerraba esta forma de pacifismo, su ineficacia y su carácter degradante y masoquista.

En el primer mitin del Militant Labor Forum en el que habló, Malcolm nos dijo, "Si George Washington no logró la independencia para este país de forma no violenta, y si Patrick Henry no hizo una declaración no violenta, y si ustedes me enseñaron a verlos como patriotas y héroes, entonces es hora de que entiendan que yo he estudiado sus libros con mucho cuidado. . . . Ninguna persona blanca lucharía por su libertad de la misma manera en que nos ha ayudado a mí y a ti a luchar por nuestra libertad. No, ninguno de ellos lo haría. Cuando se trata de la libertad del negro, el blanco participa en protestas y en sentadas pacíficas, es no violento y canta canciones como 'Nosotros triunfaremos' y ese tipo de cosas. Pero cuando está en peligro la propiedad del hombre blanco, o se ve amenazada la libertad del hombre blanco, ni se le ocurre ser no violento".

En tercer lugar, a diferencia de cualquier otro líder negro y a diferencia de cualquier otro líder de masas de mi época, él continuamente desenmascaró el verdadero papel del Partido Demócrata y señaló que es un error pensar que el gobierno federal de este país va a liberar al afroamericano. Dijo, "Los demócratas obtienen el apoyo de los negros, sin embargo, los negros no obtienen nada a cambio. Los negros ponen a los demócratas en primer lugar, pero los demócratas ponen al negro al último. Y la excusa que usan los demócratas es culpar a los *Dixiecrats* [demócratas de los estados del Sur]. Un *Dixiecrat* no es más que un demócrata disfrazado. . . . Porque Dixie en realidad no es sino todo el territorio al sur de la frontera canadiense".

En vez de atacar a los títeres, Malcolm X siempre buscó cómo exponer a los que *realmente* eran responsables de mantener el racismo en esta sociedad. Cuando Murphy, el jefe de policía de Nueva York, lo tachó a él y a otros de "irresponsables", Malcolm respondió que Murphy sólo estaba haciendo su trabajo. El patrón de Murphy, el alcalde Wagner, era el verdadero responsable de la acusación, dijo.

Malcolm nunca se cansaba de explicar y de enseñar que el responsable de mantener el racismo en el Norte y en el Sur era el gobierno federal encabezado por el presidente Johnson. Al hacerlo Malcolm señalaba la conexión entre el tratamiento inhumano de los negros y el hecho de que los que dirigen esta sociedad son responsables de la situación que enfrenta el pueblo negro. Como señaló Benjamín, uno de sus seguidores, en una reunión de la Organización de la Unidad Afro-Americana, el Norte es responsable del racismo que existe en el Sur, porque "fueron ellos quienes ganaron la Guerra Civil".

Cada vez que hablaba sobre el Partido Demócrata salía a relucir otro aspecto de Malcolm: su capacidad para traducir las ideas complicadas e importantes que él desarrollaba y absorbía, al idioma de los que —como él sabía— cambiarían el mundo. La capacidad de hablarles a los oprimidos de forma clara ha sido el genio singular de todos los grandes líderes revolucionarios de la historia.

El semanario *The Militant* [en su edición del 1 de junio de 1964] dio a conocer que en su rueda de prensa Malcolm dijo que el presidente [Lyndon B.] Johnson era un hipócrita. Señaló que Richard Russell, el amigo más cercano a LBJ en el Senado, estaba encabezando la lucha en contra de la ley por los derechos civiles. Un periodista cuestionó a Malcolm, diciendo que la amistad de

Johnson con Russell no demostraba nada. Malcolm lo miró con su sonrisa acostumbrada y espontáneamente le dijo, "Si tú me dices que estás en contra del robo de bancos y tu mejor amigo es Jesse James, entonces tengo razones para dudar de tu sinceridad".

La última cuestión en cuanto a su desarrollo político que tuvo una enorme importancia para la educación de la gente joven que lo siguió, que lo admiró y que de muchas maneras fue educada por él, fue su internacionalismo revolucionario.

Malcolm dio por lo menos tres razones para explicar su perspectiva internacionalista. En primer lugar explicaba la identidad de la estructura del poder que practicaba el racismo en este país y que practicaba el imperialismo en el extranjero. "Este sistema no sólo nos rige en Estados Unidos, rige al mundo", dijo.

En segundo lugar, sólo cuando los afroamericanos se den cuenta de que son parte de la gran mayoría de personas no blancas en el mundo que están luchando por la libertad y que están conquistándola, tendrán el valor de librar la batalla por la libertad por todos los medios que sean necesarios.

Malcolm dijo que "entre los llamados negros en este país, como regla general los grupos de derechos civiles, los que creen en los derechos civiles, pasan la mayor parte de su tiempo tratando de probar que son norteamericanos. Su modo de pensar generalmente se limita a las fronteras de Estados Unidos, cuestiones nacionales, y siempre se ubican a sí mismos... dentro del escenario norteamericano, y el escenario norteamericano es un escenario blanco. Cuando un hombre negro se encuentra en ese escenario norteamericano, automáticamente es una minoría. Está en desventaja, y en su lucha siempre toma una actitud conciliadora y limosnera, con el sombrero en la mano". Sin embargo, dijo: No mendigamos, a usted no le agradecemos que nos dé lo que nos debería haber dado hace 100 años.

Por último, señaló el hecho de que en última instancia la libertad sólo puede conquistarse en una parte del mundo cuando se haya conquistado en todas partes. En África dijo: "Nuestro problema es también de ustedes.... Sus problemas jamás van a quedar resueltos totalmente hasta que, y a menos que, se resuelvan los nuestros. Mientras no se nos respete, y hasta que no se nos respete, jamás los respetarán plenamente a ustedes. Ustedes jamás serán reconocidos como seres humanos libres hasta que, y a menos que, nosotros también seamos reconocidos y tratados como seres humanos".

Aunque Malcolm X provenía de un ghetto norteamericano, hablaba en nombre del ghetto norteamericano, y dirigía su mensaje sobre todo al ghetto norteamericano, es una figura de importancia internacional que desarrolló sus ideas en relación a los grandes acontecimientos de la historia mundial en su época.

Si hubiera que comparar a Malcolm X con otra figura internacional, el paralelo más obvio sería con Fidel Castro. Ambos pertenecen a la generación que se formó ideológicamente bajo las circunstancias paralelas de la Segunda Guerra Mundial y de las monstruosas deficiencias y traiciones de los Partidos Comunistas estalinizados. Estos hombres encontraron un camino hacia la lucha revolucionaria por su propia cuenta, eludiendo tanto a la socialdemocracia como al estalinismo.

Ambos partieron de la lucha libertaria de su propio pueblo oprimido. Ambos adoptaron el nacionalismo de su pueblo como forma necesaria para movilizarlo en la lucha por su libertad. Ambos subrayaron la importancia de la solidaridad entre los oprimidos en todas partes del mundo en su lucha contra un opresor común.

Fidel no comenzó como un marxista completo ni como un socialista revolucionario. Al igual que Malcolm, estaba decidido a ganar la liberación nacional de su pueblo "por todos los medios que fueran necesarios" sin conceder principios a los que se benefician de las condiciones existentes.

El compromiso de Fidel Castro con la independencia política y con el desarrollo económico de Cuba lo condujo a oponerse al capitalismo. De manera semejante la posición inclaudicable que adoptó Malcolm lo llevó a identificarse con las revoluciones de los pueblos coloniales que se estaban volviendo en contra del capitalismo. Y finalmente lo llevó a la conclusión de que en este país, para obtener la libertad, era necesario eliminar el capitalismo.

Así como Fidel Castro descubrió que no puede haber independencia política ni desarrollo económico en un país colonial sin romper con el capitalismo, Malcolm también llegó a la conclusión de que en Estados Unidos el capitalismo y el racismo estaban entrelazados y que para poder eliminar el racismo había que eliminar el sistema.

El nacionalismo negro de Malcolm tenía como objetivo preparar al pueblo negro para luchar por su libertad. "El error más grande que ha cometido nuestro movimiento", dijo en una entrevista que le concedió al periódico *Village Voice* el 25 de febrero, "ha sido tratar de organizar a un pueblo dormido en torno a metas específicas. Primero hay que despertar al pueblo; entonces sí habrá acción".

"¿Hay que despertarlo para que descubra su explotación?" le preguntó la entrevistadora.

"No. Para que descubra su humanidad, su valor propio y su historia", respondió.

Todo lo que le decía al pueblo negro iba dirigido a elevar su confianza, organizarlo independientemente de los que lo oprimen, enseñarle quién es el responsable de su situación y quiénes son sus aliados. Él explicó que el pueblo negro era parte de la gran mayoría: los no blancos y los oprimidos del mundo. Enseñó que sólo se puede conquistar la libertad luchando por ella; nunca se le ha regalado a nadie. Explicó que sólo puede conquistarse la libertad haciendo una verdadera revolución que arranque de raíz y cambie toda la sociedad.

Por lo tanto no es de sorprenderse que mucha gente que se consideraba socialista, izquierdista y hasta marxista no pudiera reconocer el carácter revolucionario de Malcolm ni pudiera identificarse con él. No podían reconocer el contenido revolucionario de este gran líder cuyas ideas revestían las nuevas formas, el lenguaje y los colores oscuros del ghetto proletario norteamericano.

A pesar de que Malcolm fue una figura singular y formidable como individuo, no podría haber logrado esa visión a menos que las condiciones en este país lo permitieran. Aunque nadie puede ocupar su lugar, el hecho de que hizo lo que hizo, de que se desarrolló como el líder revolucionario que era, es prueba de que habrán más como él en el futuro.

Él lo comprueba igual que Fidel lo comprueba. Fidel se mantuvo firme a 90 millas del imperialismo más poderoso del mundo, le sacó la lengua y nos demostró, "¡Vean, sí se puede! Ellos no pueden seguir controlando el mundo para siempre".

Malcolm, incluso, fue más allá que Fidel, porque Malcolm desafió al capitalismo norteamericano desde adentro. Para nuestra generación de revolucionarios él fue la prueba viviente de que lo mismo puede hacerse aquí y de que va a hacerse aquí también.

Nuestra tarea, la tarea de la Alianza de la Juventud Socialista, es enseñarle a la juventud revolucionaria en este país a que distinga entre el nacionalismo de los oprimidos y el nacionalismo del opresor, enseñarle a diferenciar entre las fuerzas de liberación y las fuerzas de los explotadores; enseñarle a escuchar las voces de la revolución sin importar las formas que adopten; enseñarle a distinguir entre la defensa propia de la víctima y la violencia del agresor; enseñarle a no ceder ni un centímetro al liberalismo blanco y a buscar como hermanos y camaradas a los herederos de Malcolm, a la vanguardia del ghetto.

La reunión de Malcolm X con Fidel Castro

19 de septiembre de 1960
HOTEL THERESA, NUEVA YORK

Junto con una amplia gama de dirigentes de la comunidad negra, Malcolm X participó en el "Comité de Bienvenida" que se formó en Harlem en 1960 para recibir a presidentes y ministros —especialmente de países africanos— que estarían en Nueva York para dirigirse a la XV Sesión de la Asamblea General de Naciones Unidas. Eran 16 los países africanos que serían admitidos como miembros de Naciones Unidas en esa ocasión.

Fidel Castro fue uno de los jefes de estado que visitó Estados Unidos para hablar en la ONU. Durante su visita de 10 días el líder cubano fue blanco de una intensa campaña de calumnias en los medios de comunicación, y de hostigamiento por parte de las autoridades norteamericanas.

Una de las mayores controversias durante su visita se dio cuando la delegación cubana se alojó en el hotel Theresa en el barrio negro de Harlem. Antes de la llegada de Castro muchos hoteles de Nueva York se negaron a rentarle habitaciones. Finalmente el hotel Shelbourne accedió, pero al día siguiente de la llegada de Castro la administración exigió un depósito de 10 mil dólares en efectivo para cubrir posibles daños. Afirmando que se trataba de un acto de extorsión, la delegación cubana se retiró del hotel.

En una muestra de solidaridad con la lucha del pueblo negro en Estados Unidos, la delegación cubana se trasladó al hotel Theresa en Harlem. Uno de los que facilitaron esta gestión fue Malcolm X.

En ese entonces Malcolm X era todavía dirigente de la Nación del Islam en

Nueva York. Los medios noticiosos desataron una rabiosa campaña de propaganda y de mentiras por la bienvenida que él le dio a la delegación cubana y por la guardia que organizó para garantizar su seguridad en el hotel Theresa. Cuando las demás personalidades del Comité de Bienvenida se negaron a defender a Malcolm de esos ataques, él renunció públicamente de ese organismo. "Durante el tiempo que el doctor Castro estuvo en Harlem, gracias a los nacionalistas y a los musulmanes, no hubo ni disturbios ni desórdenes en Harlem", escribió Malcolm X. "Los musulmanes y los nacionalistas negros realizaron todos los esfuerzos imaginables para asegurar que Harlem mantuviera 'la paz y el orden'.

"A pesar de todo", continuó, "los diarios han descargado un salvaje ataque propagandístico contra nosotros, distorsionando conscientemente los hechos, fabricando mentiras descaradas y tachándonos de terroristas, subversivos, sediciosos, etcétera". Al renunciar, Malcolm se comprometió a "limitar mis esfuerzos y mis actividades, a partir de ahora, a trabajar entre la gente ordinaria de la calle, que por su honestidad y rectitud no tiene miedo cuando es hora de tomar, sin titubear, una posición intransigente por la justicia y la verdad".

El artículo que reproducimos aquí es un recuento de la reunión entre Malcolm X y Fidel Castro escrito por uno de los periodistas invitados, Ralph D. Matthews, del semanario *New York Citizen-Call*. El artículo apareció en la edición del 24 de septiembre de 1960.

En el cuarto de Fidel

Para ver al primer ministro Fidel Castro después de su llegada al hotel Theresa de Harlem había que atravesar un pequeño ejército de policías de Nueva York que vigilaban el edificio, y oficiales de seguridad norteamericanos y cubanos.

Pero una hora después de la llegada del dirigente cubano, fuimos admitidos Jimmy Booker del periódico *Amsterdam News*, el fotógrafo Carl Nesfeld y yo al cuarto del hombre que es el agorero de tormentas en el Caribe, y lo escuchamos intercambiar ideas con el líder musulmán Malcolm X.

El doctor Castro no quería perder el tiempo con reporteros de los diarios, pero admitió a dos representantes de la prensa negra.

Malcolm X fue uno de los pocos que pudieron entrar porque recientemente había sido nombrado a un comité de bienvenida para dignatarios visitantes que fue establecido en Harlem por el

Consejo Comunitario para el 28º Cuartel de Policía.

Seguimos a Malcolm y a sus ayudantes, Joseph y John X, por el pasillo del noveno piso. Estaba lleno de fotógrafos contrariados porque no habían podido ver al barbudo Castro, y lleno de reporteros enfadados porque los oficiales de seguridad seguían empujándolos hacia atrás.

Pasamos de largo y, uno por uno, fuimos admitidos al cuarto del doctor Castro. Se irguió y nos dio un apretón de manos a cada uno. Parecía estar de muy buen humor. La calurosa bienvenida en Harlem parecía resonarle aún en los oídos.

Castro vestía traje militar verde de faena. Yo esperaba que estuviera tan desaliñado como aparece en las fotos de los periódicos. Para sorpresa mía, su atuendo informal estaba inmaculadamente planchado y resplandeciente.

Su barba en la tenue luz del cuarto era color café con una pizca de rojo.

Después de las presentaciones se sentó a la orilla de la cama, le pidió a Malcolm X que se sentara a su lado y habló en su curioso inglés chapurrado. Los que estábamos a su alrededor no oímos las primeras palabras que dijo, pero Malcolm sí lo oyó y respondió: "Para usted el centro de la ciudad fue como hielo. Pero aquí es más acogedor".

El primer ministro sonrió con agrado. "Ah, sí. Aquí sentimos el calor".

Después el dirigente musulmán, tan combativo como siempre, dijo: "Creo que verá que el pueblo de Harlem no es tan adicto a la propaganda que sacan en la alcaldía".

En un inglés tentativo, el doctor Castro dijo: "Eso yo lo admiro. Yo he visto cómo la propaganda puede cambiar a la gente. Su pueblo vive aquí y enfrenta esa propaganda constantemente y sin embargo comprende. Eso es muy interesante".

"Somos 20 millones", dijo Malcolm, "y siempre comprendemos".

Miembros del grupo de Castro entraron del cuarto adjunto, haciendo que el pequeño recinto se sintiera más apretado. La mayoría de los cubanos fumaban largos puros, y cuando algo les hacía gracia se reían echando la cabeza hacia atrás y soplando humo al reírse.

Los ademanes de Castro al conversar eran extraños. Se tocaba la sien con los dedos al subrayar algo o se tocaba el pecho como para cerciorarse de que todavía estaba allí.

Su intérprete traducía las oraciones más largas de Malcolm X al español y Castro escuchaba atentamente y sonreía cortésmente.

Durante su conversación, Castro de Cuba y Malcolm de Harlem cubrieron mucho terreno en lo filosófico y en lo político.

Refiriéndose a sus problemas con el hotel Shelbourne el doctor Castro dijo: "Tienen nuestro dinero. Catorce mil dólares. No querían que viniéramos aquí. Cuando supieron que vendríamos aquí querían acompañarnos". (No quedó claro en esta instancia a quién se refería.)

Sobre la discriminación racial dijo: "Luchamos por toda la gente oprimida". Pero alzó la mano para advertir, "No quería intervenir en la política interna del país".

Y después, con un leve tono de advertencia, hablando todavía sobre el tema general de la desigualdad racial, el doctor Castro dijo: "Hablaré en la Asamblea (refiriéndose a la Asamblea General de Naciones Unidas)".

Sobre África:

"¿Hay noticias de Lumumba?" Malcolm X respondió con una gran sonrisa al oír mención del dirigente congolés. Castro alzó entonces la mano. "Vamos a tratar de defenderlo (a Lumumba) enérgicamente".

"Espero que Lumumba se hospede aquí en el Theresa".

"Hay 14 naciones africanas que entran a la Asamblea. Somos latinoamericanos. Somos sus hermanos".

Sobre los negros norteamericanos:

"Castro está luchando contra la discriminación en Cuba, en todos lados".

"Ustedes no tienen derechos y quieren sus derechos".

"Nuestro pueblo está cambiando. Ahora somos uno de los pueblos más libres del mundo".

"En Estados Unidos los negros tienen más conciencia política, más visión que nadie".

Sobre las relaciones entre Estados Unidos y Cuba:

En respuesta a la afirmación de Malcolm de que "Mientras el tío Sam esté contra ti, sabes que eres un hombre bueno", el doctor Castro respondió, "No el tío Sam, sino los que controlan aquí las revistas y los periódicos. . .".

Sobre la Asamblea General de la ONU:

"Habrá una lección formidable que aprender en esta sesión. Muchas cosas van a ocurrir en esta sesión y los pueblos tendrán una idea más clara de sus derechos".

El doctor Castro finalizó la conversación intentando citar a Lincoln. "Se puede engañar a una parte del pueblo parte del tiempo. . ." pero le falló el inglés y alzó los brazos como para decir, "Ya saben lo que quiero decir".

Malcolm, parándose para despedirse, explicó lo que era su organización musulmana a un reportero cubano que acababa de llegar. "Somos seguidores de [Elijah] Muhammad. Él dice que podríamos sentarnos a limosnear por 400 años más. Pero si queremos nuestros derechos ahora, tenemos que. . .". Aquí se detuvo y sonrió enigmáticamente, "Pues. . .".

Castro sonrió. Sonrió de nuevo cuando Malcolm le relató un cuento. "Nadie conoce al amo mejor que sus sirvientes. Hemos sido sirvientes desde que nos trajo aquí. Conocemos todos sus trucos. ¿Se da cuenta? Sabemos lo que va a hacer el amo antes de que lo sepa él mismo".

El dirigente cubano escuchó la traducción al español y luego echó la cabeza para atrás riéndose animadamente. "Sí", dijo con entusiasmo. "Sí".

Dijimos nuestro "adiós" y nos marchamos por el apretado pasillo, tomando el ascensor a la calle donde la multitud todavía se arremolinaba.

Un animado vecino de Harlem lanzó a la noche un grito de "¡Viva Castro!"

NOTAS

1. Reflejando el nacionalismo negro que surgió en los años 50 y 60, el término *Black* llegó a reemplazar la palabra en inglés *Negro* para referirse a la nacionalidad negra en Estados Unidos.

El Programa Básico de Unidad (Basic Unity Program) de la Organización de la Unidad Afro-Americana, fundada por Malcolm X, plantea que el "término '*negro*' se usa erróneamente y es degradante a los ojos de toda persona digna e informada que sea de ascendencia africana. Indica características estereotipadas y rebajadas y clasifica a un segmento entero de la humanidad de acuerdo a información falsa. Desde cualquier punto de vista inteligente, es un símbolo de esclavitud y contribuye a prolongar y perpetuar la opresión y la discriminación. . . . Aceptamos el uso de afroamericano, africano y hombre negro [*Black man*] como referencia a las personas de ascendencia africana". (El texto íntegro de este documento aparece en el libro en inglés *February 1965: The Final Speeches* [Febrero de 1965: Los discursos finales], una colección de discursos de Malcolm X publicada por la editorial Pathfinder.)

Para distinguir en español entre los términos *Black revolution* y *Negro revolution* hemos traducido el primero como "revolución negra" y hemos dejado el último en inglés en letra cursiva.

2. Los mau mau llevaron a cabo una lucha armada por la independencia de Kenia durante los años 50.

3. *We Shall Overcome* (Nosotros triunfaremos) era una canción del movimiento por los derechos civiles.

4. *Nigger:* término racista, despectivo de negro.

5. La Conferencia de Líderes Cristianos del Sur (Southern Christian Leadership Conference—SCLC) es la organización que encabezó el reverendo Martin Luther King, Jr.

6. Roy Wilkins era dirigente de la NAACP (Asociación Nacional para el Progreso de la Gente de Color). James Farmer era dirigente del CORE (Congreso por la Igualdad Racial).

7. A principios de abril de 1963 la Conferencia de Líderes Cristianos del Sur (SCLC) dirigió marchas de protesta contra la segregación racial en Birmingham, Alabama. La noche del 11 de mayo de 1963, racistas en Birmingham, Alabama, lanzaron bombas al hotel donde se hospedaba Martin Luther

King y a la casa de su hermano, A.D. King. Esto causó una rebelión en la comunidad negra de Birmingham, y varios miles de negros batallaron con la policía esa noche.

El 28 de agosto de 1963 más de 100 mil personas se manifestaron por los derechos civiles en la ciudad de Washington.

8. Whitney Young fue el director ejecutivo de la Liga Urbana Nacional (National Urban League); Adam Clayton Powell, Jr., fue un conocido congresista negro por el estado de Nueva York; A. Philip Randolph fue presidente del Consejo Sindical Negro-Americano. Los Seis Grandes era un término periodístico que se refería a los seis personajes más prominentes del movimiento por los derechos civiles en Estados Unidos.

9. Los hermanos Jesse y Frank James fueron conocidos atracadores de trenes y bancos en Estados Unidos a mediados del siglo XIX.

10. El 23 de junio de 1963 más de 100 mil personas se manifestaron en la ciudad de Detroit por los derechos civiles.

11. El presidente Lyndon Johnson era de Texas.

12. En 1954 la Corte Suprema decretó, en el caso *Brown contra la Junta de Educación de Topeka,* que la segregación racial en las escuelas —que antes la misma corte había aceptado como legal— violaba la constitución de Estados Unidos.

13. El 7 de abril de 1964, durante una manifestación por los derechos civiles realizada en un sitio donde se estaba construyendo una escuela en Cleveland, el reverendo Bruce Klunder murió aplastado por una aplanadora.

14. Ésta es una referencia a Moise Tshombe, dirigente congolés respaldado por el gobierno norteamericano.

15. Malcolm X se refiere aquí a la Nación del Islam.

16. Nat Turner (1800-1831) dirigió una rebelión de esclavos en 1831 en el estado de Virginia, por lo cual fue ejecutado.

Toussaint L'Ouverture (1743-1803), un esclavo en la colonia francesa que hoy es Haití, fue el principal dirigente de la revolución haitiana, que triunfó un año después de su muerte con el establecimiento de la primera república negra del mundo en 1804.

Aníbal (247-183 A.C.) fue un general de la república de Cartago en el norte de África. Durante la guerra entre Cartago y Roma (218-201 A.C.) encabezó un ejército que cruzó los Alpes con elefantes y capturó una gran parte de lo que ahora es Italia.

17. Stepin Fetchit fue un personaje negro del cine norteamericano que representaba papeles degradantes y estereotipados.

18. Ver la nota 1 acerca del uso del término *Negro* en inglés.

19. Martin Luther King, Jr., recibió el Premio Nobel de la Paz en 1964.

20. Patrick Henry (1736-1799) fue un dirigente de la revolución norteamericana contra el dominio británico.

21. Los cadáveres de James Chaney, Michael Schwerner y Andrew Goodman fueron encontrados el 4 de agosto de 1964. Los tres luchadores por los derechos civiles —uno negro y dos blancos— habían desaparecido el 21 de junio en Philadelphia, Misisipí. Entre los 21 hombres arrestados por el crimen el 4 de diciembre de ese año estaban los oficiales de la policía Lawrence Rainey y Cecil Price, así como el pastor bautista Edgar Killen. En 1967 siete hombres fueron declarados culpables y sentenciados a plazos de entre 3 y 10 años de prisión.

22. Malcolm X se refiere a la respuesta que la dirección de la Nación del Islam dio a un ataque contra sus miembros en 1962. El 27 de abril de ese año, policías de Los Ángeles atacaron a un grupo de musulmanes negros que no estaban armados; mataron a balazos a uno y dejaron lisiado permanentemente a otro. Después arrestaron a 16 de sus víctimas, acusándolas falsamente de haber atacado a la policía. Malcolm fue a Los Ángeles y organizó una amplia campaña de defensa, involucrando a muchas organizaciones de la comunidad negra de esa ciudad. Cuando él se preparaba para extender la campaña por todo el país, la oficina nacional de la Nación del Islam en Chicago la canceló, limitando las actividades de defensa al ámbito legal de los tribunales.

23. El 16 de julio de 1964 James Powell, un joven de 15 años, fue muerto a tiros por un policía en Nueva York. Dos días más tarde, frente a una estación de policía en Harlem, hubo una manifestación exigiendo el arresto del policía culpable. La policía dispersó a los manifestantes, arrestó a los organizadores y anduvo por todo el barrio golpeando y arrestando a la gente y disparando sus armas, matando a una persona. Durante cinco días la policía batalló contra residentes de Harlem y de la comunidad mayoritariamente negra de Bedford-Stuyvesant en el distrito de Brooklyn.

24. En abril de 1964 se formó el Partido Demócrata pro Libertad de Misisipí (Mississippi Freedom Democratic Party—MFDP), que infructuosamente intentó impedir que los delegados segregacionistas del estado de Misisipí fueran reconocidos oficialmente en la convención del Partido Demócrata ese año. El MFDP luego realizó "Elecciones por la Libertad" contraponiéndolas a las elecciones oficiales en Misisipí, que excluían a la mayoría de los negros. Después de las elecciones de noviembre, muchas organizaciones pro derechos civiles apoyaron la demanda del MFDP de que el Congreso de Estados Unidos desconociera a los congresistas recién electos de Misisipí.

25. La "Gran Sociedad" fue el tema del discurso que presentó el presidente Lyndon Johnson al Congreso de Estados Unidos en enero de 1965.

26. En un discurso que dio el 15 de febrero de 1965 en Nueva York, Malcolm X dijo respecto a Elijah Muhammad: "Sí, es inmoral. No puedes tomar a nueve mujeres adolescentes y seducirlas y dejarlas embarazadas... y después decirme que eres virtuoso". (Ver el libro *February 1965: The Final Speeches* de la editorial Pathfinder.)

27. Barry Goldwater fue el candidato a presidente por el Partido Republicano en 1964.

Los *Dixiecrats* eran el ala del Partido Demócrata que tomaba una posición abiertamente racista y defendía el sistema de segregación racial. En esa época dominaba el gobierno en los estados del sur de Estados Unidos.

28. La Ley de Derechos Civiles de 1964, aprobada por el presidente Lyndon Johnson el 2 de julio, prohibió la discriminación en el empleo, el sufragio, las escuelas y las facilidades públicas.

29. En ese entonces el gobierno de Estados Unidos no reconocía a la República Popular de China. Formosa (Taiwán) ocupó el lugar de China en Naciones Unidas hasta 1971.

30. El Cuerpo de Paz (Peace Corps) fue establecido por el gobierno de Estados Unidos en 1961 para mejorar su imagen internacional como respuesta a las revoluciones anticoloniales. El programa consiste en enviar a voluntarios a África, Asia y América Latina a participar en ciertas obras sociales, agrícolas, económicas o de salud pública.

El programa *Operation Crossroads Africa* fue iniciado en 1957 por el pastor James Robinson de la Iglesia del Señor en Harlem, y consistía en enviar voluntarios de Estados Unidos y Canadá a trabajar en obras de desarrollo económico en África.

31. La revista *Look,* en su edición del 31 de diciembre de 1962, describió cuatro días de negociaciones secretas en septiembre de ese año donde se planificó un enfrentamiento orquestado en que el gobernador Ross Barnett de Misisipí le bloquearía la entrada a la universidad al estudiante negro James Meredith. Según el arreglo, Barnett luego se apartaría cuando los alguaciles federales sacaran sus revólveres. Sin embargo, el plan no resultó. Barnett no pudo controlar a las turbas racistas que él había incitado. El presidente Kennedy se vio obligado a mandar a 2 500 tropas federales para controlar la situación.

32. Al día siguiente, en un discurso que dio en Nueva York, Malcolm detalló las negociaciones secretas en las cuales él había participado a iniciativa de Elijah Muhammad, jefe de la Nación del Islam, con dirigentes de los grupos racistas y ultraderechistas Ku Klux Klan y Consejo de Ciudadanos Blancos.

Malcolm explicó: "En diciembre de 1960 yo estuve en casa de Jeremiah, el ministro [musulmán] en Atlanta, Georgia. Me da vergüenza decirlo, pero voy a decirles la verdad. . . . Ahí me senté yo mismo con los cabecillas del Ku Klux Klan, que en ese entonces estaban tratando de negociar con Elijah Muhammad para poner a su disposición un gran terreno en Georgia o creo que en Carolina del Sur. . . . Habían involucrado a personas de mucha responsabilidad en el gobierno que estaban dispuestas a aceptarlo. Querían poner esta tierra a su disposición para que su programa de separación [el de Elijah Muhammad] pareciera más realista para los negros y que así disminuyeran las presiones que ejercían los integracionistas sobre el hombre blanco. . . . A partir de ese día el Klan nunca interfirió con el movimiento de los Musulmanes Negros en el Sur".

El texto completo de este discurso aparece el el libro de discursos de Malcolm X titulado *February 1965: The Final Speeches,* publicado por Pathfinder.

33. El 21 de febrero Malcolm X fue acribillado por pistoleros cuando iniciaba un discurso ante una reunión de la Organización de la Unidad Afro-Americana en el salón Audubon en Nueva York. El libro *The Assassination of Malcolm X* (El asesinato de Malcolm X), publicado por Pathfinder, demuestra que la versión oficial de cómo ocurrió el asesinato no es creíble y documenta la evidencia que señala la complicidad del gobierno de Estados Unidos en su muerte. El libro reproduce algunas de las miles de páginas de archivos secretos del FBI sobre el enorme operativo de espionaje que dirigió la policía política contra Malcolm X durante un periodo de 12 años.

ÍNDICE DE NOMBRES Y TEMAS

OTROS TÍTULOS DE LA EDITORIAL PATHFINDER POR Y SOBRE MALCOLM X

February 1965: The Final Speeches
[Febrero de 1965: los discursos finales]

POR MALCOLM X

> Discursos que dio Malcolm X en las últimas tres semanas de su vida y que presentan la rápida evolución de sus ideas políticas. Gran parte es material que estaba agotado, y otro material se publica por primera vez. **En inglés,** US$17.95

By Any Means Necessary
[Por todos los medios que sean necesarios]

POR MALCOLM X

> Discursos que esbozan la evolución de las ideas de Malcolm X sobre alianzas políticas, matrimonios mixtos, los derechos de la mujer, el capitalismo y el socialismo, y más. **En inglés,** US$15.95

Malcolm X Talks to Young People
[Malcolm X habla a la juventud]

POR MALCOLM X

> "La joven generación de blancos, negros, morenos y todos los demás... ustedes están viviendo en una época de revolución". Cuatro discursos y una entrevista por Malcolm X en África, Inglaterra y Estados Unidos. **En inglés,** US$9.95

Malcolm X Speaks
[Habla Malcolm X]

POR MALCOLM X

> "No soy norteamericano.... Soy uno de los 22 millones de negros que somos víctimas del norteamericanismo". Colección clásica publicada en 1965. **En inglés,** US$16.95

Malcolm X: The Last Speeches
[Malcolm X: los últimos discursos]

POR MALCOLM X

> "Cualquier movimiento por la libertad del pueblo negro que se base exclusivamente dentro de las fronteras de Estados Unidos está condenado absolutamente al fracaso". **En inglés,** US$16.95

The Assassination of Malcolm X
[El asesinato de Malcolm X]

POR GEORGE BREITMAN,
HERMAN PORTER Y BAXTER SMITH

> **En inglés.** US$14.95

OTROS TÍTULOS DE LA EDITORIAL PATHFINDER

Che Guevara y la lucha por el socialismo hoy:
Cuba hace frente a la crisis mundial de los años 90

POR MARY-ALICE WATERS

El socialismo sólo puede ser construido por hombres y mujeres libres que cooperan conscientemente para elaborar las bases de una sociedad nueva, transformándose a sí mismos en este proceso. En los primeros años de la revolución cubana Ernesto Che Guevara defendió esta perspectiva e impulsó a millones de personas a seguir esta trayectoria. El camino que señaló sigue siendo de importancia vital para los trabajadores en Cuba que, frente a los retos más difíciles en la historia de la revolución, se esfuerzan por seguir avanzando. Disponible además en inglés y francés. US$3.50

El manifiesto comunista

POR CARLOS MARX Y FEDERICO ENGELS

El documento de fundación del movimiento obrero revolucionario de la época moderna. Explica cómo funciona el capitalismo y traza el camino a seguir para la clase obrera mundial en la lucha revolucionaria por el socialismo. US$5.00

¡Qué lejos hemos llegado los esclavos!
Sudáfrica y Cuba en el mundo de hoy

POR NELSON MANDELA Y FIDEL CASTRO

Hablando juntos en 1991 en Matanzas, Cuba, Mandela y Castro hablan sobre la interrelación de y el singular papel que juegan hoy las luchas de los pueblos cubano y sudafricano en el mundo. US$9.95

The Changing Face of U.S. Politics
The Proletarian Party and the Trade Unions

[El perfil cambiante de la política en Estados Unidos: El partido proletario y los sindicatos]

POR JACK BARNES

La construcción de un partido obrero revolucionario en un mundo de crisis económicas, guerras, conflictos comerciales, ataques patronales contra el movimiento obrero y erosión de los derechos de la clase obrera y de las libertades democráticas. **En inglés,** US$18.95

El socialismo y el hombre en Cuba
POR ERNESTO CHE GUEVARA

Rechazando las "armadas melladas" del capitalismo, Guevara parte de su experiencia como dirigente central de la revolución cubana para demostrar que el pueblo trabajador, a través de su esfuerzo colectivo, puede cambiar las bases económicas de la sociedad y transformarse a sí mismo en este proceso. US$14.95

¡Intensifiquemos la lucha!
Discuros en África, Europa y Norteamérica
POR NELSON MANDELA

Discursos del líder del Congreso Nacional Africano de Sudáfrica, tras haber sido liberado de las cárceles de Pretoria. US$12.95

Cosmetics, Fashions, and the Exploitation of Women
[Los cosméticos, la moda y la explotación de la mujer]
POR JOSEPH HANSEN, EVELYN REED Y
MARY-ALICE WATERS

Cómo el gran capital se vale de la condición de la mujer como ciudadana de segunda clase para producir ganancias para una minoría y para perpetuar la opresión del sexo femenino y la explotación del pueblo trabajador. **En inglés,** US$11.95

La revolucion traicionada
¿Qué es y adónde se dirige la Unión Soviética?
POR LEÓN TROTSKY

Estudio clásico sobre la degeneración de la Unión Soviética que ilumina las raíces de la crisis que estremece hoy a los países del antiguo bloque soviético. US$18.95

Wall Street enjuicia al socialismo
POR JAMES P. CANNON

Las ideas básicas del socialismo, explicadas en testimonio durante el juicio de 18 líderes del sindicato de camioneros Teamsters y del Partido Socialista de los Trabajadores, acusados de sedición durante la Segunda Guerra Mundial. US$15.95

Sudáfrica: la revolución en camino
POR JACK BARNES

La importancia mundial de la lucha por derrocar el sistema del apartheid y el papel de vanguardia del Congreso Nacional Africano en la actual revolución nacional y democrática en Sudáfrica. US$6.00

ESCRIBA PARA OBTENER UN CATÁLOGO DE TÍTULOS EN INGLÉS Y ESPAÑOL.

Nueva Internacional

UNA REVISTA DE POLITICA Y TEORIA MARXISTAS

LOS CAÑONAZOS INICIALES DE LA TERCERA GUERRA MUNDIAL

El ataque de Washington contra Iraq
por Jack Barnes

El bloqueo, la invasión y el bombardeo asesino de Iraq por el gobierno de Estados Unidos dio inicio a un periodo de conflictos cada vez más agudos entre las potencias imperialistas, más peligro de guerras y creciente inestabilidad del sistema capitalista mundial. La crisis de la casta burocrática de la ex Unión Soviética es parte inseparable de esta inestabilidad y de la creciente crisis del imperialismo. *Nueva Internacional no. 1*, US$13.00

Nueva Internacional
UNA REVISTA DE POLITICA Y TEORIA MARXISTAS
El ataque de Washington contra Iraq
LOS CAÑONAZOS INICIALES DE LA 3ª GUERRA MUNDIAL
POR JACK BARNES

1945: Cuando las tropas norteamericanas dijeron 'No'
POR MARY-ALICE WATERS

1

Nueva Internacional
UNA REVISTA DE POLITICA Y TEORIA MARXISTAS
CHE GUEVARA CUBA Y EL CAMINO AL SOCIALISMO
• Ernesto Che Guevara
• Carlos Rafael Rodríguez
• Carlos Tablada
• Jack Barnes
• Steve Clark
• Mary-Alice Waters

2

CHE GUEVARA, CUBA Y EL CAMINO AL SOCIALISMO

por Ernesto Che Guevara, Carlos Rafael Rodríguez, Carlos Tablada, Jack Barnes, Steve Clark y Mary-Alice Waters

Un intercambio de perspectivas de los años 60 y de hoy sobre la vigencia y la importancia histórica de los planteamientos políticos y económicos que elaboró y defendió Ernesto Che Guevara. *Nueva Internacional no. 2*, US$12.00

NUEVA INTERNACIONAL SE PUBLICA EN INGLÉS, FRANCÉS Y ESPAÑOL.
PARA UNA LISTA COMPLETA PIDA EL CATÁLOGO DE PATHFINDER.